社会主义核心价值体系建设
“双百”出版工程
项目

/ 100 位

新中国成立以来感动中国人物/

焦裕禄

刘俊生/著

吉林文史出版社

《100位新中国成立以来感动中国人物》丛书

前言

每个人的心中都多少有一点英雄情结，都向往英雄、景仰英雄。也正因此，在中华人民共和国建国六十周年之际，由中央十一部委联合组织开展的“100 位为新中国成立作出突出贡献的英雄模范人物和 100 位新中国成立以来感动中国人物”的评选活动中，群众参与投票总数近一亿。这其中的每一张选票，都表达了人们对英雄模范的崇敬之情，寄托着对伟大祖国的美好祝福。

一个民族不能没有英雄，否则这个民族就不会强大。当国家危难之时，懦弱者选择了逃避、妥协甚至投降，英雄们却挺身而出，用热血捍卫民族的尊严，人民的幸福。在创立和建设新中国的伟大历程中，涌现出无数可歌可泣的英雄模范人物。他们之中，有为了民族独立和人民解放而英勇牺牲的革命先烈，有为了党和人民的事业而不懈奋斗的优秀共产党员，有在全民族抗战中顽强奋战、为国捐躯的爱国将士，有英勇杀敌的战斗英雄和革命群众，有积极从事进步活动的著名民主爱国人士和国际友人……他们是民族的脊梁、祖国的骄傲，是激励全体人民团结奋斗的精神力量。

《100 位新中国成立以来感动中国人物》丛书，就像一部星光璀璨的英雄谱，真实、完整地记录了英雄模范人物不平凡的一生，再现了他们非凡的人格魅力和精神世界。舍身堵枪眼的黄继光，拼命也要拿下大油田的王进喜，中国原子弹之父邓稼先，新时期领导干部的楷模孔繁森……一串串闪光的名字，一个个动人的故事，犹如群星闪烁，光耀中华。

当今中国正处于伟大变革的时代，迫切需要涌现出一大批勇于承担历史使命、为祖国和人民奉献一切的先进人物。在“双百”人物崇高精神的引领下，在建设社会主义现代化国家的征程中，必将英雄辈出。

生平简介

焦裕禄1922年8月16日出生在山东省淄博县北崮山村一个贫苦农民家庭。11岁时因家乡遭灾被迫辍学，跟乡亲推独轮小车运煤卖煤。先后给日本鬼子抓做苦工，给地主扛长工。1946年1月，在本村加入中国共产党。1947年7月，任渤海地区南下工作队淮河大队一中队班长。1948年2月，任河南省尉氏县彭店区区队指导员、县宣传部干事，11月率千人担架队投入支援淮海战役的伟大斗争。1949年至1950年，先后任尉氏县大营区副区长、区委副书记兼区长、共青团尉氏县委副书记。1951年任陈留团地委宣传部长、团地委副书记。1953年任共青团郑州地委第二书记；7月任洛阳矿山机器制造厂筹建处资料办公室秘书组副组长。1954年8月到哈尔滨工业大学学习。1955年初分配到大连起重机厂任机械加工车间实习主任。1956年底回洛阳矿山机器厂任一金工车间主任，制出我国第一台新型2.5米双筒卷扬机，后任调度科长。1962年春任尉氏县委副书记。1962年12月，党组织派任焦裕禄为兰考县委书记，他带领兰考的干部、群众战天斗地，改变灾区面貌。1964年5月14日，党的好干部、人民的好儿子焦裕禄鞠躬尽瘁，病逝于郑州。

1922-1964

[JIAOYULU]

◀ 焦裕禄

目录 MULU

忠实代表人民利益的光辉典范（代序）

焦裕禄，这个名字令人关注，被人牢记。焦裕禄的事迹广为传颂，经久不衰。焦裕禄精神与时俱进，光芒永照。这是为什么？

这要从共产党的宗旨上来探讨。

焦裕禄同志在兰考工作期间，他的谦虚谨慎、尽责尽职、忧国忧民、廉洁奉公的无私奉献精神使人感动。他那一心一意为人民服务的思想；吃苦耐劳、艰苦奋斗的工作作风和生活作风；鞠躬尽瘁、死而后已，甘当人民老黄牛的宝贵品格；刻苦学习、孜孜不倦的惊人毅力；严于律己、宽以待人的模范行为，实现了中国共产党全心全意为人民服务的宗旨。

兰考是焦裕禄为人民脱贫而努力奋斗并献出生命的地方，是焦裕禄精神的发祥地。焦裕禄刚调到兰考时，风沙、内涝、盐碱严重威胁着兰考人民的生存。当时的局面是：灾荒压头，人口外流，干部发愁。面对重重困难，焦裕禄以共产党人的大无畏气魄和马克思主义者的科学态度，深入群众，发动群众，依靠群众，带领群众夜以继日顽强地工作和战斗。他深入基层，体察民情，了解民意，集中民智，找到了兰考抗灾脱贫的根本出路，制定出了《关于治沙、治碱、治水三、五年的初步设想》。

在除"三害"斗争中，焦裕禄既是指挥员又是战斗员。在和群众相处中，他都是以一个普通劳动者的身份出现在群众中。他扑下身子，丢下架子，走到哪里，劳动到哪里，看到群众干啥活，他就干啥活。他把与群众同吃、同住、同劳动，视为密切联系群众的重要途径。

焦裕禄紧紧把心贴着人民，时刻把兰考人民的事情放在心上。他用“孺子牛”的精神为民兴利除弊，忘我工作。他带领兰考人民开展除“三害”斗争，完全符合人民群众多年的强烈愿望，适应社会生产力发展的要求，很快掀起了热火朝天的除“三害”高潮。仅一年的时间，兰考的落后面貌就大为改观。白茫茫的盐碱地，变成了肥沃良田，光秃秃的座座沙丘，披上了绿装；遇雨成灾的涝洼窝，开挖了蜘蛛网似的排水渠，形成了小沟通大沟，大沟通河流，沟沟相通，渠渠相连的比较完整的排水体系……焦裕禄带领兰考人民从重重困难中，闯出了脱贫的希望之路，焦裕禄用共产党人的高贵品德和优良作风，辛勤描绘出为人民服务的光辉篇章，给我们留下了宝贵的精神财富。

如今，社会已跨入了一个新时代，与焦裕禄所处的时代相比，我们所担负的任务不同了，社会环境、工作条件和人们的思想观念也发生了很大变化。虽然时代变了，但共产党人全心全意为人民服务，代表人民利益的根本宗旨丝毫也未改变。焦裕禄的魅力在于他相信群众，依靠群众，一心想着群众，一切为了群众。焦裕禄的魅力正是我们共产党人所永远应具有的。我们各级党员干部都要像焦裕禄同志那样忠实地代表人民的利益，把人民的安危冷暖时刻放在心头，全心全意为人民服务，做人民忠实公仆，时刻维护人民群众的经济、政治、文化权益，努力为群众办好事、办实事。如果我们共产党人和革命干部，都有焦裕禄的这种精神、这样的品格、这样的人格力量，我们的民族、我们的国家一定能兴旺发达。

我们坚信：只要坚持继续发扬焦裕禄精神，就能使满载近七千万共产党员和十三亿多中国人民的大船，在社会主义现代化建设的航道上，乘风破浪，扬帆远航，创造出历史的辉煌！

英雄长逝，精神传承！

烽火中成长

㊀ 苦难的童年

☆☆☆☆☆

1922 年，正是军阀混战，烽火连天的岁月。那家军阀打过来，派捐要款，这家军阀打过去，抢粮抓夫，闹得鸡犬不宁，民不聊生。

就在这年 8 月 16 日，焦裕禄出生在山东省博山县北崮山村一个贫苦的农民家庭。

“焦裕禄”这个吉利的名字，是他的父亲焦方田、祖父焦念礼特意请一位私塾先生给起的。私塾先生说：“裕，是富裕的裕；禄，是高官厚禄的禄。就是不受苦，不受穷，人财两胜，能过富裕生活的意思。”焦裕禄的母亲李星英亲切地喊他“禄子”。

焦裕禄的爷爷焦念礼心想：光有一个吉利的名字是盼不来好日子的，家里再苦再难，就是押袜子、卖鞋，也得供着禄子求学。

焦裕禄 7 岁那年，在家乡上了小学。

1933年，博山遭受旱灾，11岁的焦裕禄因灾荒严重，家境贫困，被迫退学。他在家里干一些农活、杂活。严冬，他顶着寒风，爬山越岭，漫山遍野去砍柴；酷夏，他跟着大人下地拔草、间苗、收割。

焦裕禄从13岁起，就跟着父亲、叔叔推着独轮小车运煤、卖煤，还为本村两家地主的油坊推脚运油。

从北崮山到博山县城，全是一凸一凹的山路，特别难行。上坡时，就要费劲了，父亲弯着腰，蹬着腿，往上推，焦裕禄拖着绳使劲儿往上拉；下坡时，他们架着车把，挺着身，朝后坠，焦裕禄倒推着车头，使车慢慢地向下滑行。这样，爬上坡、滑下坡，爬过一坡又一坡，把他们累得喘不过气来。

◁ 焦裕禄就出生在这间旧房里

▽ 这是焦裕禄曾经上过学的南崮山小学校址

焦裕禄16岁时，就架车运煤、运油。一次生，二次熟，焦裕禄经过多次架把推车，慢慢地掌握了推车要领。从此，这辆破旧的独轮小车，就成了焦裕禄日常不离、谋求生活出路的伙伴。焦裕禄起床，它开始转动；焦裕禄外出，它伴随在前；焦裕禄累得满头大汗，它压得“吱哇吱哇”叫唤。一次下大雨，车轮转不动，焦裕禄就扛着它走了好几里。在一个秋凉夜寒的晚上，没赶到家，他躺在车上过夜，醒来一看，身上落了一层白霜。

贫困的生活，艰苦的劳动，使焦裕禄从小就锤炼成坚韧、倔强的性格。

悲惨的遭遇

1939年，一场灾难从天而降，害得焦家家破人亡。

在一个阴沉沉的天气里，保长带着乡丁

踏进了焦家小院。他对焦方田说："现在日本人来了，大敌当前，民族危亡，我们要靠民族武装自卫，曲线救国，户户都得出钱，按照你家人口，得出五块银元。"

保长的话，把焦方田逼得像傻子一样，呆立在那里。

"就这样吧！限你三天，把钱交来……"四十出头的焦方田，受尽了各种艰难和困苦，饱尝了人间的辛酸，吃不饱，穿不暖，挨打受骂。苦难的岁月，把他折腾得两眼深陷，颧骨高突，腰弓背驼，满脸皱纹。

三天过去了，保长又带着人气势汹汹地闯进焦家小院，说："钱，筹集够了吧！拿来吧！"

焦方田颤抖地说："保长啊！咱是老邻居，你还不知道我的家底吗？俺爹 70 岁了，身子又不好，几天都没揭锅了，背了一身债，确实无钱可交，你们就行行好，高抬贵手吧！"

保长指着焦裕禄说："没钱，总有人吧！叫他去当壮丁吧！"

焦方田看出他们在焦裕禄身上打主意，就求情说："全家全指望他哩，离了他，俺咋活命呢？"一个财主解围说："我出钱，你卖地总可以吧！"两个狗腿子硬是抓住焦方田的手捺了手印。

财主奸笑着说："方田！地方税，我给你顶上了！"

焦方田脑子一轰，"扑通"一声昏倒在地上，一会儿，又呜呜地哭起来。街坊邻居都知道焦方田心眼狭，怕他一时想不开，就说东道西，比这仿那，劝解他，开导他。可是邻居们的热心相劝，并没有使焦方田气消冤散，当天夜里，竟悬梁自尽了。

全家人摇拽着焦方田僵硬的身体，失声哭喊起来："你怎么寻短见、走绝路呀！撇下老的老，小的小，叫我们怎么过呀！……"

焦裕禄摇晃着爹爹的尸体边哭边说："叫不应的爹呀！你可心净了！可不怕别人欺侮了……"这对焦裕禄是一个沉重打击，仇恨深深埋进他的心里。

焦裕禄的父亲惨死不久后的1942年春节，在媒人的说合下，焦裕禄与邻村郭庄一位姓郑的山村姑娘结为夫妻。

新婚不久，焦裕禄又被日军抓去关押在博山县城监狱。

那时，正是盛夏酷暑，烈日当空，热气逼人。牢房里血腥反胃，臭气扑鼻，像蒸笼一样。

焦裕禄仔细观察着每个难友的模样和表情：有的因绝食斗争，身瘦如柴；有的因和鬼子顶撞，被打得伤痕满身；有的因违反狱规，戴着沉重的脚镣；还有的入狱后，没剪过头，头发长得披在肩上，脸颊黑得像锅底儿……一个满身伤痕、脚戴重镣的难友爬到焦裕禄面前，问道："小兄弟，你叫什么名字？"

"焦裕禄。"

"为啥坐监牢？"

"不知道。"焦裕禄反问他："你为啥坐监牢？"那位难友告诉他："我当了八路军，是个共产党员。"这时，一个汉奸走来，大喝一声："谁在说话？"那位难友怕连累了焦裕禄，就大声回答："我！"

"你为啥违反狱规？"

"咋算违反狱规？有嘴不让说话吗？"这一顶撞不当紧，可把那个汉奸激怒了："再给他加重刑！"

那位难友继续顶撞："加吧！真金不怕火炼！"一会儿，那个汉奸抱着柴火来了，把柴火放在带镣难友的面前说："你不是说，真金不怕烈火炼吗？好，今天，就要用烈火来炼炼你这块真金！"他点着了柴火，熊熊烈火就燃烧起来了。

那位难友被烈火烤得汗流满面，身子前后左右不住地晃动……

这时的天气就够闷热了，再加上这堆烈火烘烤了半晌，牢房就像火洞一样，不少难友都热得晕了过去。可是，灭绝人性的日本鬼子和汉奸，连一滴水也不让他们喝，人们的嘴唇都干裂得渗出血来。难友们拼命地喊着："渴死人啦！给水！给水！"这样，更激怒了日本鬼子和汉奸，他们抬来了几大桶水，泼在牢房的地上，地上成了稀泥浆，坐不能坐，躺不能躺，只得站在泥水里熬

▷ 焦裕禄的家院

天过夜。焦裕禄和难友们在一起同生死，共患难，互相关怀，互相体贴。

焦裕禄心想：为什么中国人要受日本鬼子的欺负？中国人怎样报这个仇？

焦裕禄和难友们就这样被折磨了三个多月，又被押送到东北抚顺。

一天，日本军官和汉奸来到集中营里训话。

日本军官说："你们的，当劳工的到来，大大的干，啊——"他指着一个汉奸："你的讲，你的讲。"汗奸说："……现在是'日中亲善，共存共荣'，日本皇军到我们中国来，是帮助中国建立王道乐土的。为此，今天把你们运到抚顺，是当劳工，开矿挖煤。有的是普通劳工，有的是特殊劳工。"他指焦裕禄这帮人，说："你们是特殊劳工，因为你们是八路军特嫌，是政治犯，身上得有个标志。如有反抗者，以'反满'、'抗日'罪论处……"

焦裕禄这批新来的特殊劳工，被分配到大山坑露天煤矿。大山坑煤矿位于抚顺最偏僻的地方，几十里地没有人烟。

大山坑煤矿东西长 6.6 公里，南北宽 2 公里，深 250 多米，煤层很厚，最厚的达 120 米。这是一个 1914 年开采的老矿。

焦裕禄这批特殊劳工被押送到这里时，整个矿区的里里外外，围了三层铁丝网，东西南北还有几个碉堡，日夜都有鬼子兵站岗放哨。如果有人跨出铁丝网一步，就会被鬼子开枪打死。

焦裕禄的矿工生活，真不是人的生活，每天得干 15 个小时的苦工，出了矿区，又被关押在狭窄的工棚里。每天吃的是橡子面夹玉米皮的窝窝头。矿工们住的工棚是用高粱秆夹起来的，用泥一糊，每所大棚住50人。睡觉时都是穿着衣服侧着身，一个人一尺多宽，铺的是野草和破麻包。这样的宿舍，秋天好过，冬天难熬。一伸腿冰凉，冻得实在支持不住了，就在煤火炉旁烤一会儿。由于吃住条件恶劣，疾病时常发生，冻饿死人的现象连续发生，半年时间，和焦裕禄同去的25人就被折磨死17人。

一天，在收工的路上，焦裕禄巧遇到一位山东老乡。老乡告诉了他的住址。从此，焦裕禄产生了决心逃出虎口的念头。

又是一天晚上，在收工的路上，焦裕禄趁着工头不注意，以解手为借口，躲进路边的厕所，然后，躲躲闪闪地溜出了矿区。

焦裕禄按照老乡提供的住址，找到了他的家。这位老乡姓郑，是焦裕禄的亲戚，因遭旱灾，生活无着，便带着孩子老婆闯关东，来到抚顺落了脚，在一个街道当清防队员，他让焦裕禄脱掉矿工服，换上自己清防队工作衣，把焦裕禄介绍到抚顺市西三条通市扫马路。

大山坑矿区与老乡住地相距30里，焦裕禄总担心鬼子兵追查发现自己，便把扫马路的时间，放在每天的黎明前，人们该起床了，他也该收工了。

焦裕禄在这位姓郑的亲戚关照下，干了两个多月清洁工，省吃俭用积攒了点儿路费。因想家心切，便先别老乡，买汽车票从抚顺到沈阳。沈阳离家乡还有上千里，路费不足，焦裕禄只得偷乘向关内运送木材的火车。几经周转，在1943年4月，回到了家乡。

一天中午，北崮山村街头，出现了一个衣衫褴褛、满脸污垢、蓬乱头发的青年人。他一瘸一拐走进焦家大门，用尽全力喊道：“娘！爷！”

母亲正在做饭，爷爷正在烧火，听到喊声，一起跑出厨房，一看是禄子，惊呆了，跑上前去……爷儿仨抱在一起痛哭起来。

焦裕禄逃回到家乡以后身患重病，三个月卧床不起。秋季又遭大旱，秋粮减收，全家生活无着。再加上焦裕禄没有“良民证”，不便公开露面，唯恐汉奸、保丁告密，再遭祸端。爷爷、母亲都劝他出外躲一躲。焦裕禄同意了。临行前，母亲从缸底扫出一把高粱面，烙了几个饼子。焦裕禄穿着一身破衣，戴着一撮缨帽，推着独辆小车，车上放着锅碗瓢勺，领着妻子、岳母和不满周岁的儿子连喜，毫无目的地向南方摸去……由于一路颠簸，儿子连喜被冻饿病死。焦裕禄一路乞讨，最后流落到江苏省宿迁县胡家庄，给一家姓胡的富农扛长工。

天下乌鸦一般黑。焦裕禄披星戴月没日没夜地劳动，还得不到东家的满意，他经常给焦裕禄脸色看，威胁焦裕禄，要不死心踏地为他卖力，就要撵他出门。焦裕禄有几次生了病，东家还硬逼着他去干活。受尽了地主、富农的残酷折磨。这些，焦裕禄都记在了心里，他内心充满了对旧社会、对地主阶级的无比仇恨。

1945 年 8 月，抗日战争胜利了，焦裕禄便带着妻子、岳母和初生不久的女儿小梅（焦守凤）返回家乡。

一 新的生命

☆☆☆☆☆

为了保卫胜利果实，焦裕禄一回到家乡就积极参加了村里的民兵组织。他能拉会唱，又识字，经常教民兵学文化，唱革命歌曲。除了军事训练外，还要站岗放哨，侦察敌情，防匪防特，支前送粮，样样工作干得都很出色。1946 年 1 月，焦裕禄光荣地加入了中国共产党。

说起焦裕禄入党，还有这样一段曲折过程。

焦裕禄当上民兵不久，就找到党小组长焦方开，问："为啥还不批准我入党？"

焦方开反问他："你写过入党申请书吗？因为共产党是无产阶级的先锋队，参加党得具备一定的条件，不能像参加民兵那样简单。"

焦裕禄说："什么？我的条件还不够吗？老几辈人都是受苦受罪，我死里逃生，才长这么大，现在又是民兵，难道这些还不够入党条件吗？”

焦方开笑着，拍拍他的肩膀说：“裕禄呀，这只能看出你的出身好，还得看你的思想觉悟怎样。共产党员是无产阶级的先进分子和骨干分子。今后，只要杀敌勇敢，工作积极……条件成熟了，就可写申请，要求入党。”

这次谈话后，焦裕禄就没有和党组织谈过入党的事，也没有向党组织递过入党申请书。这是怎么回事呢？党小组长焦方开找到焦裕禄问：“你对入党有什么认识？”

“我已经写好三份入党申请书啦……”焦裕禄回答。

焦方开惊奇地问：“写三份怎么都不交给党组织呀？”

“我不够党员条件，没敢交。”

焦裕禄写好三份入党申请书，为什么不向党组织递交呢？情况是这样的：

第一次，焦裕禄写入党申请书，费劲可大啦。写写、改改、撕撕……从如何退学、如何坐牢、在抚顺如何受罪，写到逃荒如何吃苦、家庭被逼死几口人。他表示坚决要求参加共产党，打倒地主为亲人报仇。他写好入党申请书，正准备递给党组织时，焦方开在一次党员对象学习会上，针对一种狭隘的思想，批评说：“有的同志思想觉悟还不高，一个共产党员应该想到全中国的老百姓和普天下的受苦人都有仇、都有冤、都有恨……消灭剥削阶级，推翻旧社会，实现共产主义，达到世界大同，这是我们党的大目标、总目标。如果参加共产党，仅仅是为了报私仇，就不够一个共产党员的条件……”

焦裕禄听了这次党课以后，觉着自己还不够党员条件，写好的入党申请书，没有向党组织递交。

第二次，焦裕禄又写了一份入党申请书，写之前，特意访问了一位老党员，老党员指点说："你的出身、经历、表现，党组织都知道，这些，不必详写了，把自己对党的认识、对革命的决心和入党动机写好就行了……"

焦裕禄听了，进一步问："内容这么多，从哪儿写起呢？"

老党员说："裕禄啊，你现在的心情和我当年写入党申请书时的心情一样，觉着千言万语，不知从何写起，好像写来写去，总不能把自己要讲的话都写清楚。这不要紧，你拣最重要的写，把你要向党组说的知心话，都写出来……"

焦裕禄点点头，说："好，就照你说的写。"

老党员诚恳地说："快写吧，党的大门开着哩！党的队伍不断扩大，希望你早日参加我们党小组的生活。"

焦裕禄激动极了，掂起笔，铺开纸，第二次写好了入党申请书。他正要向党组织递交时，因违反了俘虏政策，受到了毛县长的批评。他想：一个人不能模范地执行党的政策，怎么能够得上一个党员标准呢？他便把第二次写的入党申请书，又收了起来。

焦裕禄从此对自己要求更严格了。在理论上，他反复学习党的任务、党的性质和党的政策；在行动上，他模范执行党的政策，遵守党的纪律，完成党的任务，又多次受到表扬。这时，焦裕禄就第三次动手写入党申请书。写时，特意把毛县长的批评，使他得到的提高写了进去。写好后，看了又看，想了又想，改了又改，最后还征求了几位党员的意见。正准备向党组织递交时，党小组长焦方开就找他谈话了。焦裕禄郑重地从兜里掏出这份入党申请书，对焦方开说："这是我第三次写的入党申请书，请你转给党组织吧！"接着，焦裕禄又用真挚的语言，从自己的苦难家庭谈到北崮山村，谈到全中国，谈到普天下……又以个人参加革命工作的深刻体会，表达对党深厚的感情。他说："共产党、毛主席领导人民打日本，打蒋介石，斗地主，闹翻身。没有党的领导，革命就不能取得胜利。我要听毛主席的话，跟共产党走，为推翻旧社会，建立新中国，实现共产主义而奋斗！"

一天，焦方开紧紧握着焦裕禄的手，庄重地告诉他："裕禄，经上级党委研究批准，你已经成为一名光荣的共产党员了！"

焦裕禄一听，幸福的暖流，立刻流遍全身。他含着眼泪，说："方开叔，我的条件还不够，对革命还没有作出啥贡献，对照誓词的要求，还相差得很远很远……"

焦裕禄入党以后，各项工作干得更出色了，他被党组织吸收为国家干部，调到八陡区武装部任干事。在此期间，焦裕禄积极组织民兵学习制造地雷，部署地雷阵，经常带领民兵摸黑到敌人据点附近埋设地雷，打击敌人。

1947 年夏，盘踞在淄川、博山、章丘三县的国民党还乡团和县保安队纠合在一起，准备扫荡北崮山革命根据地。八陡区委得到这一消息后，一面向县委汇报，一面召开紧急会议，认真研究分析。当时，我主力部队转移执行别的任务，一时还赶不回来，地方武装怎能抵得住三个县的保安队和还乡团呢？在会上，焦裕禄献出了一个智退敌人的空城计策。大家听后，一致认为此计甚妙，就采纳了他的建议。

△ 青年时代的焦裕禄

三县保安队和还乡团在6月20日血洗北崮山的作战计划，是他们日夜琢磨、精心策划共同定下来的，这次，为了实现他们的梦想，使血洗北崮山根据地能够成功，特派两名密探，到北崮山周围探听情况。这两个家伙也确实"才干不凡"，在根据地内外出入，多方探听，慌慌张张地跑回来，给县保安大队长汇报，说："不好啦！改变计划吧！八路军的大部队就要到来啦！"县保安大队长问："怎样看得出来？"

两个密探连比带画说："北崮山周围的黑山、岳庄一带，村头上，都用粉笔写着'某团某营驻'；各村老百姓家门口，都写着'某排某班驻'；有的还写着'某乡民兵驻'。"

县保安大队长一听，进一步追问："他们共号了多少房子？"

两个密探一齐回答说："北崮山周围的村庄，我们都跑了，都看了，大约计算了一下，有两千多间房子。"

县保安大队长又问："老百姓都有啥说法？"

一个密探回答："老百姓都说，是一个八路军当官的，领着几个兵来号的，临走时，还对住户喊：'我们八路军的大部队，很快就要来了。'我看，这消息没有半点虚假。"

县保安大队长一听，非常满意，觉着自己聪明过人，办事细心，要不是派人实地侦察，必将吃大亏。他洋洋得意地通知三县民团，改变6月20日的作战计划，停止出击，改攻为守，修工事，挖战壕，防备八路军的大规模进攻。

一声令下，县保安队和还乡团又忙了一天一夜。一天过去了，两天过去了，三天又过去了，仍没有见八路军大部队到来。县保安大队长又派人出去探听，才知道是中了八路军的缓兵之计。

6月25日，屯集在博山、淄川、章丘的保安队和还乡团，像饿狼扑食一样，朝着北崮山根据地蜂拥而来。这时，我主力部队已经及时赶回来，连夜进入北崮山根据地埋伏起来。待三个县的保安队和还乡团接近时，嘹亮的冲锋号声一响，我军向敌人发起了总攻击。

这些杂牌军的作战能力很低，一遇主力部队，丢魂丧胆，闻风逃窜，一下子就退到博山城。敌退我进，我军跟踪追击，破寨攻入城内。逃回的还乡团和保安队，全部被歼或者被俘获。战后，焦裕禄编了一首诗歌形容这场战斗：

大炮长枪手榴弹，
杀声喊声震山川。
解放大军打土匪，
犹如石头砸鸡蛋。

转战中原

随军南下

☆☆☆☆☆

1947年夏季，中国人民解放战争有了极大的进展，许多解放区已经联成一片。中国人民解放军由战略防御阶段转为战略进攻阶段，从1947年7月至9月，转入了全国规模的大进攻。

为了配合主力部队作战，我党从各解放区和根据地，抽调大批政治觉悟高、思想作风好、有一定指挥能力和工作经验的党政干部和财政干部，随军南下，去开辟新解放区。焦裕禄被党组织选送到渤海地区参加南下干部集训。集训结束后，南下工作队编成三个大队，即江南大队、华中大队、淮河大队，焦裕禄被分配到淮河大队一中队任班长。

1947年10月，淮河大队发了军装，开始行军南下，每个同志肩上都背着背包、米袋等三四十斤重的东西，有的还带着枪支。开始是白天行军，由于国民党的飞机不断向他们扫射，只好改为夜间行军。在行军途中，焦裕禄的班里女同志多，他经常多背两三个人的背包，每天跑100里左右的路，大部分同志的脚上都打了泡，到宿营地连爬都爬不起来了。

为了发动群众，教育群众，鼓舞指战员的士气，提高大家的阶级觉悟，淮河大队党委成立了宣传队，一中队抽出了焦裕禄。行军途中，他们排演了一出反映农民群众在反动统治下悲惨生活的大型歌剧《血泪仇》。

焦裕禄没有演过戏，却报名参加演剧中的王东才。他边行军边背台词，休息和宿营时，就集中排练，1948年元旦夜里，一中队在阳谷县正式演出《血泪仇》，方圆十几里的群众，扶老携幼，赶来观看，场上人山人海。当演到贫农儿子王东才被敌人抓走时，焦裕禄激越悲愤的唱腔，严肃逼真的表演，深深地感染了群众。台上在哭泣，台下在流泪，到处是哭声和痛斥国民党反动派的怒吼声。群众不断地高呼口号："打倒反动派，解放全中国！"演出结束后，当场就有青年报名要求参军。事后，行军记者问他："你没有演过戏，为什么演得这么好？"焦裕禄说："我和王东才都是穷人，他的悲惨遭遇，就是我的悲惨遭遇。我不是演戏，我是在台上控诉万恶的旧社会！"

《血泪仇》这出戏，他们从山东演到河南，一路行军演十多场，每场都受到当地群众的热烈欢迎。特别是到河南鄢陵县标岗村演出的那天晚上，解放军和群众有3000人，豫皖苏边区党委书记章蕴，还有吴芝圃等首长观看了演出。演出结束后，章蕴书记登台讲话，她说："淮河大队的指战员同志们，一路行军很辛苦，还给我们演了这么好的戏，给我们上了很生动的阶级教育课，是对我们豫皖苏人民的很大支持！"她当场宣布："这支部队本来是到大别山去的，但是，我们这里更需要他们，经过上级批准，淮河大队就留在我们这里。帮助我们消灭国民党反动派，剿匪反霸，搞政权建设……"

巩固新区

1948年2月13日，淮河大队到达河南境内，豫皖苏边区组织了六个土改工作队，分赴尉氏全县开展土改斗争。焦裕禄被任命为彭店区委委员、区队指导员。他们一行二十多人，既是工作队，又是宣传队，还是武工队，风尘仆仆地来到这里，召开群众大会，宣布成立彭店区政府。开展剿匪反霸、土改分田斗争。他们的工作步骤是：一、扎根串连，访贫问苦；二、发动积极分子诉苦，开展反霸斗争；三、建立乡村政府；四、没收地主土地，土改分田；五、组织建立农会和保田队。

彭店，在尉氏和鄢陵两县的交界处，情况非常复杂，斗争十分尖锐。当时，有些贫农忧心忡忡，给粮不敢吃，给地不敢种，担心人民政府不能久住，又怕政府对地方坏人不敢彻底处理。更怕地主坏分子报复……一些恶霸地主和土匪头子也乘机威吓群众："谁给工作队反映情况，就割谁的舌头，挖谁的眼！""给工作队办事者杀他个孩娃不留，灭门绝户！"焦裕禄在村里看了一遍，大多数家门紧闭，街上行人很少，即使碰到几个人，也是小孩和老人，一询问情况他们装聋作哑、摇头摆手，得到的回答，大都是一个意思："不了解！""不清楚"。

焦裕禄想："这是群众受了国民党的反动宣传，一时认识不清，不敢接近我们，这不怪他们。只要深入细致地进行思想工作，群众是会觉悟的。"

焦裕禄坚持依靠贫雇农，广泛发动群众。他来到贫农张会家里，看到全家老少以糠菜充饥，就把自己干粮袋里的几斤白面送给他，张会感动得热泪盈眶。一次焦裕禄看见一个身穿破棉衣、头顶破毛巾的老大娘，提罐到井台打水，焦裕禄就走上前去，帮她打了一罐水，并送到家中，当焦裕禄了解到老大娘无儿无女时，就说："大娘，从今儿起，你就把我当儿看，我把您当娘待。”从此焦裕禄一直称她为娘，并在群众会上宣布，在彭店，他认了一位干娘。

后来，焦裕禄询问老大娘：“咱穷人闹翻身，得找个领头的呀！你看谁能当？”

老大娘说：“我看刘庚申能当！他苦大仇深，七岁那年，老财把他爹逼死，把地夺走，寡妇熬儿好不容易呀！庚申四十岁了，还没寻上媳妇，娘儿俩过日子！”

焦裕禄根据老大娘提供的情况，决定去访问刘庚申。

刘庚申家门紧闭，焦裕禄一连三访才见到他本人。原来，刘庚申听到焦裕禄的敲门声，就躲藏到屋内的顶棚上了。当第三次，焦裕禄扛着柴和粮来访时，刘大娘正做午饭，焦裕禄就帮她烧火，边烧火，边做刘大娘的思想工作。焦裕禄说：“我知道，您家是被地主老财逼穷的，要过好日子等是等不到的，我们穷人都起来，抱成一团，跟共产党干革命，把蒋介石推翻，把地主老财打倒，咱穷人就翻身，抬头了，再不受苦、受罪了……”

刘庚申在顶棚上听到焦裕禄送柴送粮又帮助烧火，说话又是那样和气，思想就转过了弯儿，他再也憋不住了！高喊一声：“我懂了！”“扑通”一声，从顶棚上跳下来，上前抓住焦裕禄的手，惭愧地说：“我对不起工作队，不应该听瞎话，藏起来。”

两个人紧紧地拉着手，久久没有松手。

在彭店区委的领导下，群众很快被发动起来，接着建立了农民协会和民兵组织，没收了地主的浮财，分配了土地。

1948 年 3 月的一天，鄢陵县保安团长、大土匪洪启龙带领四百多名匪兵，杀气腾腾地向彭店村扑来。当时，村里干部、民兵总共只有十五个人，三支短枪，十来支长枪。有的同志感到惊慌，焦裕禄却镇定地说："形势越是紧张，咱越不能怕，不能慌。"他一面派干部组织群众转移到麦田里隐蔽，一面迅速指挥民兵一线散开。当敌人离村只有几米时，焦裕禄鸣枪发令，十多支枪一齐射击。村外埋伏的群众蜂拥而起，齐声呐喊："冲啊！冲啊！"

贪生怕死的匪兵一看这声势，以为遇到了解放军主力部队，吓得惊慌失措，转身就跑。事后，有人问焦裕禄："老焦，敌人为啥那样怕咱呀！"焦裕禄说："咱穿的是便衣，群众穿的也是便衣，满地黑压压的都是人，敌人不知道是军是民，这叫全民战术。"

5月，焦裕禄被调任尉氏县委宣传部干事。当小麦快要收割时，县委得悉敌军准备到尉氏抢收群众的麦子，就派干部奔赴各地组织群众，保卫丰收果实。焦裕禄迅速赶到彭店向基层干部和群众讲明敌情，带领群众一面抢收麦子，一面隐藏转移。敌人赶来时，不但没有抢到麦子，反而连遭伏击，仓皇而逃。

支援淮海战役

☆☆☆☆☆

1948 年 11 月，淮海战役打响了。

尉氏县组织了一个庞大的运输队。下边分几个大队，一个大队 1000 副担架，一副担架 6 个人。焦裕禄是彭店区支前大队的队长。

在支前路上，正赶上下大雪，积雪有膝盖那么深，焦裕禄不怕苦，不怕累，不怕险，勇往直前。有一次，担架队在行进途中，遇到敌机扫射，他挺身而出，置自己的生命于不顾，跑前跑后地指挥担架队隐蔽。为躲避敌机轰炸，支前队伍进行急行军，他率领大家一夜走八十多里路。他脚上穿的那双破布鞋底磨透了两个大窟窿。却硬是光着脚板在冰雪地上跑了一夜。一个同志把自己的备用鞋拿出来让他穿，他却说："这比红军长征好多啦！留给别人穿吧！”通讯员小朱脚上打起了泡，磨出了血，哭了鼻子。焦裕禄教育他："越是困难，越要坚持，战士们在前线把命都拼上了，咱吃点苦算什么？”

他们的任务是运面，每人扛一袋，焦裕禄扛两袋。他发现有同志用扁担挑四袋，就兴奋地编了一首顺口溜：

尉氏来支前，任务是运面，
有人担四袋，个个干得欢。

焦裕禄带领的这支担架队，住在离前线只有30里路的一个村子里，密集的枪声，隆隆的炮声，昼夜步行，好像狂风暴雨要来临一样。大家都不害怕，照样干自己的工作。白天运面，晚上推磨。焦裕禄和几个同志住的一户人家，只有五间草房，三间堂屋，两间厢房。他们睡在锅底门儿，铺的是秫秫头……在这样艰苦的条件下，焦裕禄和同志们开玩笑，说:“快过年啦！我给同志们准备了几头猪，来看看！”大家一看，是焦裕禄从身上摸的几个虱子，大家都哈哈大笑起来。

尉氏县支前担架队，在淮海战役前线，不分昼夜地苦干58天，于农历腊月二十三胜利返回尉氏。由于他们出色完成了支前任务，受到了上级表扬。得了一面黄边黑字的大红旗。上面写着：奖给尉氏担架二队支前模范，下面署名是："豫皖苏军分区指挥部。”

擒顽匪

☆☆☆☆☆

1949年春，焦裕禄被任命为尉氏县大营区副区长，分管剿匪反霸工作。

该区情况复杂，敌情严重，仅大小土匪头目就有一百多个。区委和焦裕禄采取了“分化敌人，教育多数，孤立少数，打击顽固分子”的政策。

在党的政策的感召下，不少有罪恶的人递交坦白书，投案自首。几个罪恶严重，不肯投案自首的家伙，也按照群众提供的地点，一个一个地被逮捕了。大营区只剩下一个顽固不化的大恶霸、大土匪头子黄老三还没有归案。

黄老三，原是国民党尉氏县大队队长和大营镇镇长，有人、有势、有钱、有枪。他勾结尉氏、长葛等地匪首，与独眼龙、罗锅七、洪启龙、曹十一等结拜为把兄弟，各霸一方，形成一股股顽固势力。黄老三是个杀人不眨眼的刽子手，谁要触犯了他，就别打算落囫囵尸首。晚上惹他，活不到天明；早上惹他，活不到天黑。他亲手杀死了几十条人命，间接杀害的人命，就无法计算。这一带的人民被他害苦了，许多人被迫逃往外乡。

1948 年，我地方游击队曾来大营捉拿过黄老三。当时，没捉住，便分了他的浮财。游击队一走，黄老三回到大营，对分他财产的贫雇农进行疯狂的阶级报复。把一个贫农扒了皮、抽了筋。这次，尉氏县一解放，黄老三就潜逃了，临走时还扬言:“谁要再分我的东西，比上次还厉害。把他埋在地下露着头，牵来牲口套上耙，把头耙烂，把身子挂碎……”

大营区的群众，一提起黄老三，无不咬牙切齿，恨之入骨。纷纷要求政府，把黄老三捉拿归案，为民除害。

黄老三躲藏在哪里？谁也不知下落。最后，还是从梁长运的供词中找到了线索。地主黄守彦与黄老三是狗咬狗，就像一只大狗和一只小狗争着啃骨头一样，既臭味相投，又勾心斗角，你争我夺，往往都是黄守彦吃亏。据黄守彦自已所言，黄老三没有走远，他扮成赶马车的把式，经常来往在开封至许昌的官道上。焦裕禄就利用黄守彦来捉拿黄老三。黄守彦接受任务后，就流动在尉氏、开封和许昌的官道上及有关去处。一天黄昏，在尉氏的一个骡马店里，黄守彦发现了黄老三，他随即报告给公安机关。公安机关抓获了黄老三，把他押送到大营区。

凶恶顽固的黄老三，在民众面前，骂不绝口，企图威胁群众。

翻身的劳苦群众，有人民政府撑腰做主，再不像过去那样害怕他了。有的建议，给他脸上画个老鳖，让他游乡；有的主张，用针线把他的嘴缝住。可是，焦裕禄发现有些群众，还有思想顾虑，特别是几个苦主，根本没打算上台控诉。他们说："黄老三是活阎王，过去被他害苦了，见了他就害怕。"焦裕禄暗暗埋怨自己，工作做得太粗糙，苦主的阶级感情，没有真正调动起来，群众只敢在背后揭发；不敢脸对脸地控诉，这说明心理上还怕他。

怎么办呢？焦裕禄想出了一个办法：先开展"试斗"，培养苦主，锻炼群众。他找来一个会画像的能人，把黄老三丑恶的凶相画出来。这个人也真能，画得和真人一模一样：牤牛肚子螃蟹脸，满脸麻子不分点，龇牙咧嘴像判官。画像下面写着：

活阎王，死老三，
斗不臭你心不甘；
永远跟着共产党，
坚决打倒黄老三。

黄老三的丑像画好之后，焦裕禄又召开了贫农会，让苦主对着黄老三的丑像，进行"试斗"。大家一看黄老三的丑像，都很藐视他。一位苦主站在黄老三的丑像前，声泪俱下地控诉起来。他控诉着、质问着，下边的干部不断领头呼口号，为他助威。黄老三就像不在场一样，不管怎样质问，都不会吭气。群众壮胆了，一个接一个站起来要求控诉。后来，一个苦主向焦裕禄建议："焦区长，把黄老三弄来吧。他就是一口吃了我，我也要诉苦！也要报仇！"他的话像点燃的炮捻一样，引响了整个会场。这个说："我要诉苦！"那个讲："我要报仇！"群众充分发动起来了。

审判黄老三的大会开始了，苦主纷纷跳上台，争先恐后地控诉黄老三。人们恨不得把黄老三撕成几百瓣，才解心头之恨。有的人拿刀便扎，有的人掂砖直砸，有的人抬手就打，有的人张口就咬……这些举动都被焦裕禄随时阻止了。

根据黄老三的罪恶，经上级批准，判处黄老三死刑，立即执行。把黄老三枪毙以后，群众编了一首歌谣：

杀了黄老三，大营晴了天。

军里分了地，大营分了砖；

贫农分了驴，拉磨又拉碾。

多亏党领导，彻底把身翻。

革命伴侣

☆☆☆☆☆

1949 年 10 月 1 日，中华人民共和国成立了。

1950 年的春节，党组织批准焦裕禄回家探亲。一到家，母亲就告诉他："妻子与你离婚了，另嫁给本村一位农民……"因为焦裕禄自 1947 年 10 月随部队南下，一路上，除了行军，就是打仗，没有固定地点，后来，虽然落脚到河南省尉氏县，但因全国还未解放，不通邮，写信无法投寄，再加上工作繁忙，两年多，焦裕禄都没有与家乡联系，家人也不知道他的下落和音信。一些阶级敌人乘机造谣："焦裕禄牺牲了。"存心不良的人当面对焦裕禄的妻子煽动："焦裕禄已经死啦！你才二十多岁，还等啥盼啥！不如趁早改嫁……"她听了这些流言飞语，信以为真了，痛哭流涕，难以忍受，觉着与丈夫团圆的愿望难以实现了，就迈出门槛，另嫁了人。

焦裕禄面对这一事实，他的心灵受到沉重打击。她见到焦裕禄痛哭流涕地说："我听了别人的谎言，走错了路，对不起你……"焦裕禄无奈，只好坦言："既然你走了这一步，已成了这样的事实，啥话都不要再说了！你就死心踏地跟人家过吧……"

1950年，焦裕禄调任共青团尉氏县县委副书记，1952年又调任共青团陈留地委宣传部长。1953年夏又调任共青团郑州地委第二书记。

在做团的工作期间，他善于做青年人的知心人，经常下乡，深入调查研究。青年有什么困难和想法，总要和他们拉家常，谈理想，焦裕禄说："现在咱年轻力壮，要多为党做点事，将来老了，想干也干不成了！"

1950年2月，焦裕禄由大营区调尉氏县团县委任副书记。同年6月，河南省团校要举办培训班，尉氏县选招了一批社会青年去参加学习。初中刚毕业的徐俊雅就是其中一员，焦裕禄是参加培训人员的负责人。

在学习期间，徐俊雅虽说有初中文化程度，但对一些革命理论听不懂，她就耐心地去请教焦裕禄，这个喝墨水不多的焦裕禄，处处显示出他过人的聪明和惊人的钻劲，对所讲的课程，理解得透彻，深奥的革命理论，经焦裕禄一解释，头头是道，娓娓动听。在焦裕禄的开导下，徐俊雅激起了学习革命理论的兴趣，只要遇到理解不透的问题，她就去找焦裕禄共同探讨。培训班规定：讲师授课，学员要记笔记；课后留的作业，学员要认真完成。徐俊雅总是把自己的笔记和作业，与焦裕禄的笔记和作业进行对比，从多次对比中，她发现焦裕禄的笔记比自己记得全，焦裕禄的作业比自己答得精彩、圆满。在以后的听课中，徐俊雅像焦裕禄那样开动脑筋，认真思考。力争把所讲的课程都融化到自己的脑海里，培训班结束测验时，徐俊雅的学习成绩优良，达到了一个团干部的标准，学习结束回到尉氏后，徐俊雅回到了团县委工作。

△ 焦裕禄做团的干部时留影

在省团校几个月的培训中，焦裕禄和徐俊雅同室学习，同锅吃饭，朝夕相处，徐俊雅从心底感到：焦裕禄为人忠厚，待人热情，平易近人，是自己心目中最敬佩的人。一次，徐俊雅看到焦裕禄洗衣服，走上前去，问道："你咋不把你媳妇接来帮你洗衣服呀？"焦裕禄答："我没老婆！"

徐俊雅又说道:“我帮你洗吧!”焦裕禄又回答:“谢谢!我会洗!”徐俊雅了解到焦裕禄是单身汉，便把自己的婚事瞄在他身上。

一个星期日的上午，徐俊雅怀着心思来到团县委，听到焦裕禄的住室里传出了幽美动听的二胡声，便推门进屋赞扬道:“呀!你的二胡拉得很美呀!”焦裕禄一看是徐俊雅，边让座边解释:“在南下路上，党组织分配我搞宣传，这样逼着我学会了拉二胡、当演员。俊雅同志,你演过戏吗?会不会唱?”徐俊雅答:“演过一次，能唱几句。”焦裕禄兴奋地说:“那好哇!为配合剿匪反霸和土地改革运动，咱们排演几出戏吧!”徐俊雅问:“你考虑排演什么戏?”焦裕禄随口答道:“还演《血泪仇》和《白毛女》吧!”徐俊雅若有所思地说:“我提议咱俩演一出《小二黑结婚》，你扮演小二黑，我扮演小芹……”话一出口，她就含笑低下了头。焦裕禄会意一笑，忙说:“不行，我比你大十来岁，不像，不配!”徐俊雅坚持说:“那怕啥!你不会打扮得年轻一些吗!”一位同志在门外听一阵后，进屋便说:“我听见你俩正商量演戏!你研究得怪细呀!”徐俊雅一听来人的话中有含意，便羞答答地说:“你商量工作吧!”便起身离去。

一次，焦裕禄要给上级团委写一份工作汇报，让徐俊雅收集一部分素材。徐俊雅觉着这是向焦裕禄谈明婚事的良好机会，趁此机会，两人都谈了对自己婚事的打算。初步商定:进一步互相了解情况。从此，两人的接触、交往更频繁了，两人经常漫步在县郊的田野里，坐在明亮的月光下，谈个人志向，谈革命理想。经过多次推心置腹的交谈，两人定下终身大事。徐俊雅表示：非焦裕禄不嫁；焦裕禄表示：非徐俊雅不娶。

两人的婚事，由暗到明，不少同志都认为他们是一对革命伴侣，时任县委书记赵仲三的夫人在县妇联工作，情愿出面作他们的介绍人。徐俊雅正想把自己的婚事告诉母亲，母亲也提出此事："妮！你快20啦！该出门成家了！娘和你哥给你找个头儿，寻个婆家。"徐俊雅说："娘！这个事儿，您别操心啦，我自己找！"母亲一听："哎！傻闺女，大姑娘哪能自己找女婿，人家不笑话嘛！"徐俊雅说："娘！现在兴这，婚姻自由，父母不能包办代替！"母亲好声好气地劝她："你哥为你操心办事，你可不能不听啊！"徐俊雅说："娘！你给俺哥说吧，就说我不同意！"母亲进一步劝说："这一家是老门老户，孩子人品也好，和你同年同岁……"徐俊雅坚定地说："娘，你别说啦！实话告诉你，我已经找好啦！"母亲一听吃惊地问："啊？找好啦？是谁？"徐俊雅坦率地回答："团县委书记焦裕禄！"母亲一听忙说："不行！不行！他是八路军的干部，一会儿到这儿，一会儿到那儿，他到云南，你得跟他到云南……"徐俊雅说："干革命嘛！到哪，哪是家！"母亲追问："他今年多大啦？"徐俊雅回答："28岁啦！"母亲把头摇得像拨浪鼓："不行！不行！不中！不中！比你大十来岁，无论如何不能和他成婚！"徐俊雅耐心解释："俗说，男大不显，女大扎眼，男的大几岁有啥，俺俩对脾味，感情好，又在一起工作……"母亲进一步追问："他家是哪里的？"徐俊雅答："山东人！"母亲一听又摆手，又摇头："那才不行咧！才不行咧！咱是河南人，他是山东人，相离几千里，我就你这一个闺女，你一成家走了，见你就难了！难道你就不要娘啦！”说着说着呜呜地哭起来。徐俊雅边给母亲擦泪，边安慰娘说：“娘，你别伤心，我一定要娘，只要俺俩结婚，去哪把你带哪，让你跟着享福……”

哥哥听到妹妹为自己的婚事与母亲争辩，走上前来，指着徐俊雅：“爹娘把你养活大，翅膀硬啦，你要不听大人的话，以后别踩我家门，我不跟你亲戚！”徐俊雅听了哥哥的厉声指责，趴在桌子上“呜呜”哭起来，母亲心疼女儿，站在旁边继续劝说，徐俊雅往床上一躺，蒙头继续啼哭……事情真巧，这时，焦裕禄来到门口问道：“俊雅在家吗？”徐母不耐烦地回答：“她身体不舒服，有病啦！”徐俊雅一听是焦裕禄，掀被挺身坐起，焦裕禄随口说道：“我想找你商量演戏的事，你身体有病先休息吧！改日再说。”徐俊雅擦擦眼泪，说：“我是相思病，你一来，病就好了，走！商量咱的工作去！”两人走出家门，焦裕禄问：“你哭啥？家里生气啦？”徐俊雅说：“为咱俩的婚事，我的意见，马上登记，立即结婚！”

1950 年底的一天，尉氏团县委的会议室里热闹非凡，墙壁上挂着毛主席像，下边贴着一个鲜红的大“囍”字，桌子上堆放着糖果，人们嘻嘻笑笑簇拥着胸前戴着红花的焦裕禄和徐俊雅来到会场，随着司仪的喊声和噼噼啪啪的鞭炮声，焦裕禄和徐俊雅并排向毛主席行了三鞠躬礼，当司仪喊出“夫妻对拜”时，人们把这对新人推向对面，头抵头地又行了三鞠躬，一位调皮的小伙子提议，让新郎、新娘表演一个节目——夫拉妇唱，就是焦裕禄拉弦，徐俊雅唱戏。人们一阵嘻笑，鼓掌赞同，徐俊

△ 焦裕禄和徐俊雅合影

雅边撒喜糖，边跑笑着。几个女青年硬把她拉了回来，徐俊雅腼腆地笑着说："你叫我唱啥呢？"了解内情的那位同志喊道："你和焦裕禄要演戏，打算演啥戏？先唱一段叫大家听听！"徐俊雅说："我们准备排演《血泪仇》！有人提出反对："那不行，今天是您俩的新婚大喜，不能唱悲调，要唱喜调！"焦裕禄拿着弦子站起来．寓意深长地说："唱悲调怎么不行，越是在我们最幸福、最欢乐的时候，越不能忘记我们过去的苦难！"多数同志不同意，都说："喜庆之日，哭哭啼啼算啥！建议两人演一段《抬花轿》！"众人异口同声；"中！""行！""好！"在热烈的掌声和欢呼声中，焦裕禄拉起了二胡，徐俊雅唱了起来……

就这样，一位英武的山东好汉与一位漂亮的河南姑娘，组成了一个美满幸福的革命家庭。

奋战工业战线

新的课题

☆☆☆☆☆

1953年，国家开始大规模的工业建设。全国人民在社会主义工业化的大道上迈出了矫健的步伐。这时，党从各方面抽调大批优秀干部派往工业战线。

该年7月，焦裕禄被调往洛阳矿山机器厂，此时，该厂尚处在紧张的基建阶段。组织让他担任厂筹建处资料办公室秘书组副组长，负责搜集洛阳的水文、地质、气象等历史资料，为选择厂址提供科学依据。从农业战线转到工业战线，对焦裕禄来说，这是一个新的课题。焦裕禄决心从头学起。厂里要抢修一条由金谷园车站直到建厂工地的公路，任务重，时间紧，新组合的班子和调来的干部，都没修过桥和路，产生了畏难情绪。为了加速工程进展，焦裕禄怀着无限激情，抱着实现社会主义工业化的崇高理想，以高度热情，尽职尽责的态度，对待每一项工作。他吃住在工地，奔波在工地，具体解决工作中出现的问题。在修路建桥中，遇上一场瓢泼大雨，公路边的排水沟没挖通，新修的公路可能被冲垮，焦裕禄发现后，来到工棚里，向正在避雨的工人高喊："同志们！咱干的是关于百年的大事，为了国家和人民，为了社会主义工业化，我们不能让新修的公路冲垮，不怕淋的跟我来！"正在避雨的干部工人一齐拿着铁锨冲了出去，经过三个小时奋战，排水沟挖通了，新修的公路和大桥保住了。

1954 年 8 月，厂党委决定让焦裕禄和几位转业干部到哈尔滨工业大学学习。他们集中精力，刻苦钻研工业管理知识，努力提高业务技术水平。

1955 年初，为了响应毛主席发出的加速工业化的伟大号召，洛阳矿山机器厂决定提前开工生产。厂里通知在哈尔滨工业大学学习的同志，立即转到大连起重机厂学习。焦裕禄被分配到该厂机械加工车间，名义上是担任车间副主任，实际上是当实习车间主任。他决心加快步伐，缩短实习时间。

到了大连起重机厂，经过几次参观，大家对工业的巨大生产力，发生了浓厚的兴趣，都迫不及待地要求学习。但是，当技术员给他们讲解图纸工艺的时候，看着图纸上那纵横交错的线条和奇形怪状的符号，有些同志产生了畏难情绪。

焦裕禄问起重机厂的一位同志："学会工厂中的这些管理业务，得多长时间？"

“有一两年大致可以摸到点门儿。”

“一两年？”焦裕禄吃了一惊。解放前，他只读过几年小学，文化水平低，科学知识更差，可现在摆在他面前的，却不仅是一个崭新的，而且还是一个十分艰难的新课题。他衡量了一下自己的条件，心里忐忑起来。

焦裕禄暗暗地嘱咐自己：“钻进去，从头学起，迅速掌握工业管理知识，长中国人民的志气。”

为革命出力，为祖国争气，焦裕禄在学习工业管理的过程中，付出了艰辛的劳动。

他来到车间，整天和工人们一起劳动，问这问那。工人们议论说：“这位车间主任真像个老八路，对人亲亲热热，没个架子，学习上，有刨根问底的劲，是把手。”有时，工人在车床边操作，他就像个学徒一样，站在一边给工人打下手。为了弄清一个零件的工艺路线，他跟着零件，跑遍十几台大小机床，不把每一道工序的加工情况摸透，他就不吃饭。图纸看不懂，他就带着图纸下车间，具体地对着机床、零件学，不弄清哪个图画的哪个面，哪条线画的哪个边，哪个符号代表哪个零件，他就不离开车间。

在大连起重机厂，焦裕禄是个实习车间主任，他除了学习一般工艺操作技术以外，更多地注重刻苦学习企业管理的知识。为了摸清车间生产计划的安排程序，每当计划员在编排计划时，他常常在旁边，边看边问，追根究底，直到完全弄清为止。他一面跟调度员学生产调度，一面跟计划员学安排生产计划。一次，他虚心地要求计划员让自己编排一次计划试试。结果，焦裕禄很快地把计划编排好了，而且编排得周密准确，又切合实际。

1956年7月至10月间，焦裕禄在《起重机厂报》上连续发了《减速机工段党小组是怎样保证完成国家计划的？》、《对工段长工作方法的几点体会》、《谈谈前方竞赛中的问题和意见》等文章。文章中强调了党的核心领导作用，提出了加强思想政治工作、全面发动群众、改善企业管理等方面的意见。

同年11月11日，《起重机厂报》上登载了机械车间被评为“前后方竞赛优秀单位”的消息，并以整版篇幅刊登了焦裕禄写的《机械车间三季度竞赛总结》。焦裕禄还为车间基层干部总结了十条工作经验。厂党委采纳了这十条经验的精神，改进了管理方法，促进了生产进度。

工业战线上的红旗手

1956年底，焦裕禄满载学习成果，回到洛阳矿山机器厂，担任第一金工车间主任。

1957年是我国第一个五年计划的最后一年，为了提前完成工厂土建任务，迅速投入生产，厂党委发出“边土建边安装”的号召，并动员一部分干部、工人支援基建、安装部门。有人却说：“安装机器是安装公司的事，我们是甲方，他们是乙方，咱操那份闲心干啥！”焦裕禄耐心地开导：“在我们的国家里，大家都是主人。什么甲方、乙方，咱们都是一方，都是为了社会主义工业化，早日能把机器安装好，就能早日投入生产。”在他的带领下，干部、工人都愉快地投入了安装战斗。

1958年春，一金工车间的设备安装还没

有完全结束，厂党委就下达了试制两米五双筒卷扬机的任务。因设备不全，人员不齐，缺乏经验，要在短时间内试制出来，难度很大。为了完成任务，焦裕禄日夜不离车间，始终和工人劳动在一起，打水、送饭、递工具、喊吊车，实在困极了，就把大衣铺在一条长板凳上合一下眼。经过两个多月的奋战，我国第一台新型两米五双筒卷扬机终于制造出来了。到年底，生产成绩显著的一金

◁ 焦裕禄在洛阳矿山机械厂

工车间被评为全厂的红旗车间。

1959年春，洛阳矿山机器厂全面投入生产后，焦裕禄被任命为厂调度科长，担负起全厂的生产调度任务。职务虽然有了改变，但他的工作作风却还是那样细致踏实。不是在这个车间了解生产情况，就是在那个车间同工人一起解决生产问题。在他随身携带的兜兜里，经常装着好几种工作手册，分门别类，记载着各车间的情况。从生产任务、设备条件、劳动力量，以至哪个工人最近有什么思想问题、家庭困难等等，他都记得清清楚楚，了如指掌。工人们说，焦科长对全厂的上千台设备，台台心中有数，对卷扬机的上千个零部件，件件能对号入座，随时能说出它的形状和图号来。所以，他布置任务，问题明确，措施具体，指挥有力，调度有方。特别令人敬佩的是，他安排生产任务，从不采取简单的命令主义，总是先调查研究和下面商量，然后再向大家讲清道理。这样，再重再难的任务，大家也都乐于接受，保证如期完成。

一天，焦裕禄到调度组长家里去聊天，他诚恳地问："你搞生产调度这么多年了，你工作中最深刻的感受是什么？"

调度组长说："干咱这一行，嘴要能说，腿要能跑。心里还要常常惦记着生产计划、零件毛坯，开调度会还得……"

"为什么调度工作这么忙乱呢？"焦裕禄问。

调变组长深有体会地说："工厂调度是指挥全盘生产的枢纽。这儿找你要人，那儿找你要料；今天这个车间吵着计划完不成，明天那个车间嚷嚷上道工序影响了它执行计划。天天像打仗一样，哪能不忙乱？”

焦裕禄探讨地问：“难道就没法解决这个问题吗？”

“那有啥法，工作性质就是这。我也巴不得能有个好办法哩！你谈谈有啥好办法。”调度组长追着请焦裕禄发表自己的想法和意见。

焦裕禄想了想，说：“我认为越是生产繁忙，我们管生产的，就越不能光靠下调度命令，光讲零件，光要数字。依我看，要调度好生产，就先要‘调度’好思想。”

焦裕禄抓住了关键问题后，决心首先要把人的思想“调度”好。

在一次生产调度会上，参加会议的人到齐了，焦裕禄一没讲计划，二没讲零件，而在每个人的面前放上一张白纸，然后说：“今天先来个考试，题目是：一、今年全厂的中心任务是什么？二、最近厂党委提出了哪些行动口号？”

他这么一说，有人摇摇头说：“生产会议不讲生产，考试能有啥用！”

考试的结果，有人交了白卷。焦裕禄站起来拿着卷子说：“我不是故意给大家出难题，而是想通过考试，让大家明确这么一个问题：一个车间领导干部，如果心中不了解全厂的中心任务，不了解党委的意图，工作分不出轻重缓急，那是很难保证全面完成国家计划的。”

散会后，大家议论着说：“老焦这一手真高明，要不咱可就让本车间的生产给盖住眼睛了。”

打这以后，逢着开会他常常先给大家念一段毛主席的有关著作、党的文件，或读一段报纸社论，然后再布置具体任务。在一次研究增产节约计划的会议上，他首先念了一段毛主席关于勤俭建国、勤俭办企业的指示，然后才讨论计划。这样时间长了，大家就摸出了一条规律：每逢开会，只要一听他念的文件内容就可以琢磨出会议要解决的问题来。

在洛阳矿山机器厂工作期间，一金工车间的工人称他为“最棒的车间主任”，调度科的同志称他是“政治思想科长”，厂领导称他是“又红又专的工业干部”。大家统称他为“工业战线上的红旗手”。

赛刀的故事

☆☆☆☆☆

焦裕禄在洛阳矿山机器厂最惹人注目的一件事，是与苏联专家赛刀的故事。那是1960 年春的一天，焦裕禄听到车间老保管向他反映 :“三米二车床，在一天之内就打坏了四把苏联专家茹拉佛来夫设计的工艺刀。检查事故的结果，既不属操作技术，也不是工作不负责，而是属于工具刀的角度有问题。”焦裕禄便立即向专家反映，得到的回答是 :这些工艺刀的规格，早已载入了他们国家的百科全书，不会有问题，可再查其他原因。对于这样的回答，焦裕禄很不满意。于是他就发动工人大搞技术革新，成立技术革新小组，深入到三米二车床和经验丰富的吕师傅多次交谈，帮助敢想敢干的小孟制定出了改刀方案。经过艰苦奋战，车工小孟在吕师傅的帮助下，终于为三米二车床设计出了我们自己的车刀。

你看，小孟正兴冲冲地往这里走来，这人也不过二十上下，瘦瘦的身材，不高不矮，浓眉大眼，工作服穿得整整齐齐，焦裕禄一眼就看出他是车工小孟。小孟见对面走来的是焦裕禄，就往前紧赶几步，上前拉住焦裕禄的手说："焦主任，快走，咱们自己的车刀试制成功啦！"

"成功啦！"焦裕禄不由得加快了脚步，不多时随小孟来到三米二车床前。

小孟把车刀递给了焦裕禄："你看，这可是咱工人自己设计的车刀！"

焦裕禄接刀在手，用衣袖轻轻地擦了擦，对着射进来的阳光观察了一阵；又放在手心上托了托，弯腰拣起车下的钢屑看了看，更增加了对工人阶级崇敬的心情。

这时小孟从车床边摘下工艺操作规程，递给焦裕禄："焦主任，我建议在三米二车床上改用咱们自己设计的车刀。"

焦裕禄握住小孟的手："对，我去找党委汇报一下。"说完，疾步奔向党委办公室。

焦裕禄来到厂党委办公室，恰巧常委们正在开会研究如何对待专家的意见等问题。党委书记纪登奎一见焦裕禄推门走进来，急忙迎上去。焦裕禄递过车刀说："这是咱们工人为三米二车床设计的车刀。"

"工人设计的车刀？"副总工程师吃惊地问了一声，从椅子上站起来，"蹬蹬"几步来到焦裕禄面前，党委书记纪登奎把车刀递给他，常委们也“哗”地围了上去。

副总工程师把车刀反过来复过去，看了又看，又掏出放大镜照了又照，还用万能角尺量了又量，抬起头来说：

“试过吗？”

“刚试过。”

“工效、损耗怎么样？”

焦裕禄迈前一步：“这刀又好使，又耐用，加工一个齿圈只需10个小时，车刀还不怎么磨损。”

“什么？10个小时？”副总工程师又吃了一惊。

焦裕禄豪迈地回答：“对，比苏联专家设计的还要快6个小时。”

“快6个小时？!”一片吃惊声，紧接着就是赞叹：“真了不起！”

这时，党委书记纪登奎拉过一把椅子，让焦裕禄坐下，又倒上一杯茶，说道：“老焦，你谈谈经过。”焦裕禄便严肃认真地把工人们积极投入大跃进的决心、劲头谈了谈。然后指着传看的工艺刀，谈了工人对专家茹拉佛来夫设计的工艺刀的改进意见和专家茹拉佛来夫对工人们的歧视，又介绍了老工人吕师傅如何根据多年的操作经验，帮助车工小孟大胆革新的经过。焦裕禄的话像一股奔腾的热流，传遍常委们的心胸，党委办公室发出热烈的掌声。党委纪书记握住焦裕禄的手，非常感动地说："这把刀改得好啊！这是进一步解放生产力的一个突破口。老焦，把你的想法谈谈。"

"好。"焦裕禄端起杯子将水一饮而尽，望了望常委和坐在一旁的副总工程师说，"我想，这不是一把普通刀，这是一把大跃进的车刀，是一把独立自主、自力更生的车刀；是一把奋发图强的车刀。这把刀说明：工人阶级是伟大的，不迷信洋教条，敢于打破洋框框，闯出了一条自力更生的道路。我们只要敢想、敢干，不当洋奴，就能把祖国建设得更加繁荣昌盛。"说到这里，焦裕禄忽然站起来，环视一下坐在会议桌旁的常委和副总工程师，说："为了让苏联专家接受工人们的改进意见，我想在三米二组织一次车刀表演赛。请专家参观，让事实说话，让他们知道伟大的中国工人阶级，在党的领导下，什么人间奇迹都可以造出来。"

"好。"党委一致同意焦裕禄的提议，临离开党委办公室时，党委纪书记对他说："这是一场特殊的战斗，要讲究策略，做到有理、有利、有节。"

赛刀的消息像电波一样传遍了整个工厂，各车间、各科室都派出代表来参观表演赛。金工车间一早就贴出了"欢迎参观指导"的醒目标语。车间里也打扫得特别干净，参加表演赛的三米二机车披红挂彩，擦洗得锃明瓦亮。担任赛刀的小孟，今天也显得特别利索，使人看了更感到精干。小孟的心怦怦跳动，他深深知道这赛刀的重大意义，这赛刀能否胜利意味着什么。他决心通过赛刀把中国工人阶级的力量和智慧表现出来。你看，他专心致志地帮助吕师傅检查他们自己设计、自己制造的工艺刀，把它擦了又擦，摸了又摸，然后规规矩矩地放到刀架上。焦裕禄今天特别严肃，对赛刀准备情况进行了细致的检查，一丝一毫也不放过。见小孟回过头来看他，便对小孟说："把茹拉佛来夫设计的工艺刀也擦擦。"

"好。"小孟和吕师傅又忙碌起来。

按照规定的表演时间，已经超过了半个小时，专家茹拉佛来夫和去请他的总工程师都没有来。党委书记又派副总工程师去请他。过了半个钟头，还不见他们的影子。这时，各车间、各科室派来的代表纷纷向焦裕禄要求开始表演，焦裕禄向党委书记请示，党委书记考虑了一下，一面派人去催，一面同意开始表演。

小孟听到焦裕禄宣布表演开始，就伸手去拿茹拉佛来夫设计的工艺刀，焦裕禄急忙走上前来，对小孟说道："先表演咱们的。"

"好。"

小孟迅速地拿起吕师傅帮他设计的工艺刀嵌到车床上。你看，赛刀场上立刻静了下来，人们的眼睛随着小孟的手来回转动，谁也不说一句话，连咳嗽的声音也没有，直到小孟按动电钮，卡盘转动，人们才活跃起来。瞪得圆圆的眼睛紧紧盯着刀口边。看弹簧似的钢屑，闪着靛蓝色的光,从刀口边流出来。小孟那熟练的操作技术，配合着车刀切削活件的哧哧声，迎来了观众的掌声和欢呼声。这时的焦裕禄站在小孟身后紧紧盯着车刀。不知谁喊了声:“专家来了。”焦裕禄看去，专家茹拉佛来夫叼着烟卷一摇一摆地走来了，后边紧跟着去请他的总工程师和副总工程师。

专家茹拉佛来夫一见三米二机车运转正常，钢屑飞溅，发出均匀清晰的声响，以为车上用的是他的“王牌”车刀，于是乐滋滋地在一旁欣赏了一阵，自负地摇晃着脑袋，嘴里嘟噜嘟噜，完全沉浸在自我陶醉之中。然后，他整理了一下脖子上的领带，咳嗽了几声，清了清嗓子，“蹬蹬蹬”走到人群中间，挺起肚子，昂着脑袋，翘起大拇指，像演说似的吼叫一声 :“看到了吧! 我的车刀，世界上的, 王牌的, 赫拉索! 欧琴赫拉索! (俄语:好! 很好!) 他说着一面用眼光扫视全场，想从人们脸上发现敬意，想从人们口中听到赞美，但映入他眼帘的却是工人蔑视和愤慨的目光，是焦裕禄坦然而自豪的神情。茹拉佛来夫对于这种意外的冷淡的反应莫名其妙，简直要气炸了肺。他气势汹汹地拣起车下的钢屑递给焦裕禄，盛气凌人地说："切出这样好的钢屑，为什么要改刀？"焦裕禄抑制着心中的激愤，仍旧镇静地站着不回答。这时有的工人发出了笑声。一个站在焦裕禄身后的工人，抑制不住心中的气愤，想冲向前去说个究竟，焦裕禄机敏地将他一把拉住，递了个眼色，好像说："忍耐一会儿，让专家再高兴高兴吧！"焦裕禄等零件加工完毕，拿起晶莹闪亮的成品对专家茹拉佛来夫夸奖说："产品质量证明这把车刀真好啊！"茹拉佛来夫也不住地赞美道："好，好，好！事实证明这种刀完全符合要求。"焦裕禄连忙走向车床，取下刚才用的车刀，对茹拉佛来夫说道："专家同志，请你看清楚，刚才用的车刀，是我们中国工人自己设计的呀！"

"啊！"茹拉佛来夫愣在那里。刚才的一场空喜欢，使他的傲慢劲骤然收敛了几分。

小孟向焦裕禄请示换刀，茹拉佛来夫这才完全醒悟过来，但是他对刚才的一场败局，仍不服输，还想从下一步车刀表演中捞取稻草，所以他决心在表演他自己设计的车刀时，全力以赴，希望从他那早已声名狼藉的车刀上，争回一点面子。所以他赶忙挥手向小孟示意停止操作，急忙从上衣口袋里掏出放大镜，走向刀架，从他设计的六把刀中挑出最满意的三把交给小孟，又指着挂在车床边的操作工艺规程嘟噜了一大套。小孟按他的要求，调整了车刀的转速和吃刀量。茹拉佛来夫检查后，才放心地站到一边。你看小孟等他刚刚离开，伸出右手按动电钮，车床便缓缓启动起来，车床运转正常后，小孟把活件接触刀头，刀杆便颤抖起来，不到三分钟，只听到一声怪响，一块枣核大的刀头滚落在茹拉佛来夫的脚前。小孟刹住车，目视茹拉佛来夫。你看这时的茹拉佛来夫气得就像一个输红了眼的赌徒，一声也不吭，忙从口袋里掏出一把万能角尺，反复比量了一阵，指挥着小孟重新装上一把车刀。小孟刚要按动电钮开车，却被茹拉佛来夫一把推到一边，对翻译咕噜道："他，年纪的太轻，技术的不行。"扭头指了指站在旁边的吕师傅，示意让他操作，吕师傅便从容地走上前来按动电钮，开动车床。茹拉佛来夫也走上"悬台"察看情况。突然"咔"的一声，刀头从茹拉佛来夫的耳边掠过，向人群中飞去。观看的人"呼"地散开，刀头落在工人们打扫的垃圾堆上，人们议论纷纷。茹拉佛来夫像个泄了气的皮球，耸耸肩膀，两只手无力地耷拉下来。焦裕禄不紧不慢地拿着工人设计的车刀走上前说道："专家先生！请给我们的车刀提出宝贵意见！"

茹拉佛来夫说："你们的车刀……"他吞吞吐吐没有勇气说下去，扭头向车间门口走去。

工人们吹呼、跳跃，锣鼓喧天。焦裕禄指挥着工人把毛主席语录"走自已工业发展道路"写成横幅标语，高高地挂在车

△ 焦裕禄在大连起重机厂职工大会上发奖

间里。

从此，工人不再叫他“茹拉佛来夫”，改叫他为“输了也不服”。

1960 年冬，经医生检查，焦裕禄患有严重肝病，但他还是不分昼夜地干。厂党委让他住厂疗养所后，他还天天询问生产情况，医生劝他静心疗养。焦裕禄躺在病床上倾听着厂里五吨锻锤的“通通”声。只要锤声不断，就说明厂里生产正常。一天，他听不到锤声了，急忙打电话询问调度科，才知道锻锤发生了故障。他立即提出几条补救措施，在车间全体职工干部的共同努力下，五吨锻锤很快得到修复，顺利完成了当月的生产任务。

1961 年初夏，河南一个水库和杞县来厂定购水闸上用的启闭机。由于某些技术问题没解决，在全厂调度会上，有人提出延期一个月交货。焦裕禄却拿出一封杞县的来信读起来：“汛期在即，恳切要求工人老大哥大力支援。”念完信，他说：“时间就是粮食，机器能早一天运往现场，就能早一天使农民兄弟搞好水利，夺取农业丰收。这不仅是支援农业，也是支援我们自己。”工人们齐心协力，克服困难，保证了按期交货。

绘制农村宏伟蓝图

迎难而上

☆☆☆☆☆

1962年，是贯彻党中央关于对国民经济实行“调整、巩固、充实、提高”八字方针最关紧要的一年。调整工作从农业开始。党中央反复强调要加强农业生产战线，发展农业生产。在这种形势下，党组织决定焦裕禄调离工业战线，重返农村工作。6月，焦裕禄回到阔别十年的尉氏县，担任县委书记处书记。12月，中共开封地委又决定调焦裕禄到兰考县工作，他先后担任中共兰考县委第二书记、县委书记。

兰考位于豫东平原，是黄河故道上有名的老灾区。

黄河流经县境，多次泛滥改道。据县志记载：金、元、明、清、民国五个朝代，在县境漫溢决口改道143次，三条明显的故道自西向东横跨全境，多条故堤和无数埽坝遍布全县。故道两侧有1—5公里的背河洼地，故道中心的河床槽形洼地及零星的碟形洼地形成了自然的低洼易涝区。自清顺治初年到解放前的305年里，仅涝灾就发生90多次，平均每3至4年一遇。清乾隆八十年（1783）黄河一次决口，就淹没了无数的良田和村庄，使古仪封县（今兰考县东半部）成了泽园。黄河决口、改道，留下了起伏的沙垄、沙丘，风起沙舞，严重危害农田。尤其是仪封成了风沙游荡的荒原和盐碱窝。从咸丰到新中国建立几十年间，全县仅被风沙刮没的村庄就达63个。清《兰阳县志》就有老妇食孙的记载。民国三十一年（1942）兰封大灾，土地荒芜，十室九空，逃荒者7万多人，冻死饿死者无数，人民苦不堪言。1931年至1940年，爪营乡就有个村庄绝了人迹。1947年春，一场大风持续一昼夜，黄沙蔽日，三五步看不见人，张庄周围5公里内没留下一棵麦苗，早播的秋苗全部被风刮走。韩村因风沙、盐碱、内涝严重，全村25户，有24户因交不起苛捐杂税而坐过牢。

冬春风沙狂，夏秋水汪洋。

一年劳动半年粮，交租纳税恨官堂。

扶老携幼去逃荒，卖了儿和女，饿死爹和娘。

这首在境内世代流传的悲凉民歌，正是1949年以前兰考人民生活的真实写照。

新中国成立后，党和政府领导全县人民治理“三害”，取得了一定成效，农业生产条件得到一定改善。但终未能大规模地彻底地全面治理，特别是1958年以后，由于“左”倾错误的影响和连续三年严重自然灾害的侵袭，到1962年，沙荒、盐碱、涝地占总耕地面积的41.8%。全县10个公社都遭灾，其中重灾公社3个，轻灾公社7个。这给兰考人民的生产、生活造成了难以想象的困难。1962年春，狂风流沙打坏了20多万亩麦苗，秋天的内涝又淹坏了30多万亩庄稼，还有10多万亩禾苗被碱死，全县的粮食产量下降到历史最低水平。

焦裕禄就是在这样严重的关头，即1962年12月6日，带病来兰考任县委书记的。

兰考当时的局面是：灾荒压头，人口外流，干部发愁。群众的思想状况是：千人千条心，各想各的路。在这样的烂摊子面前，有人主张把兰考县瓜分掉，分到邻近各县，让兰考这个名字，在地图上永远消失。可新上任的县委书记焦裕禄，以大无畏的革命胆略，满怀信心地向上级党组织表决心，发誓言：拼上老命，大干一场，决心改变兰考面貌。他说："兰考困难大，这是事实，但我不怕，困难像弹簧，看你强不强；你强它就弱，你弱它就强。人是活的，困难是死的，人能够克服困难，困难压不倒人！"

焦裕禄决心迎难而上，在困难中开拓进取。

拼上老命大干一场
决心改变兰考面貌

◁ 焦裕禄亲笔写下的誓言

凝聚人心

☆☆☆☆☆

焦裕禄是在全党贯彻八届十中全会精神时来兰考任县委书记的，在大抓阶级斗争的年代，他以大无畏的开创精神和科学求实的态度，敢于在大抓阶级斗争的同时，狠抓生产斗争。

12月6日，焦裕禄在兰考县三级干部会议上，扼要地传达了地委关于当前农村工作的指示：积极贯彻党的八届十中全会精神，抓好阶级斗争，搞好经济调整工作，巩固集体经济，恢复和发展农业生产。他建议：领导干部要深入到农村基层，进行调查研究，掌握思想动态，带领广大农民群众巩固集体经济，牢牢占领农村社会主义阵地。

12月11日，焦裕禄带领几个干部到灾情最重的城关区老韩陵公社考察。他们深入村庄走访群众，开座谈会，全面了解灾情及原因，寻找救灾办法。群众告诉他，连年遭灾，泡桐破坏，花生绝种，牲畜死亡；要想富，栽桐树，要翻身，种花生……他看到群众脱贫致富的强烈愿望和积极建议，进一步坚定了自己为改变兰考面貌而奋斗的决心。随后，他又召开该公社干部会议，研究制定抗灾的具体措施。

12月17日，焦裕禄给县委写的《关于城关区韩陵公社进行巩固集体经济发展农业生产第一步工作情况的报告》中说："应教育干部发扬艰苦深入的优良作风，深入到每家每户，了解情况，宣传政策，进行思想发动，进行社会主义教育。"县委批转了焦裕禄的报告。

焦裕禄在贯彻党的八届十中全会精神中，很注重政策和策略。他严格区分两类不同性质的矛盾，不乱抓人，乱批斗人，对干部群众进行思想教育，采取回忆对比方法，在全县开展了一个群众性的忆苦思甜活动，他把干部群众中的先进典型代表，请到县、社干部会上讲艰苦奋斗的创业史和苦难的家史，并指示有关单位将这些历史写成文章，绘成图画，配合实物，在城乡展览。在他的主持下，由宣传部组织力量编写了《红梅冤》、《公审郭富荣》和《社会主义教育参考资料》等书，通过巡回展览和图书宣传，在全县产生了很好的教育作用，极大地加深和调动了广大干群的阶级感情和大干社会主义的积极性。

1963年元月8日，焦裕禄亲自为县委起草的《关于鼓足干劲，搞好生产，做好工作，勤俭过春节的通知》中强调指出：兰考是个灾区，还有许多困难，过节必须坚持勤俭建国，勤俭持家，勤俭办一切事业的方针，不论集体或个人，不要浪费一分钱，不办那些可办可不办的事。《通知》特别规定党员、干部切实做到“十不准”即:(一)不准用国家或集体的粮、款、物，请客送礼大吃大喝；(二)不准参与封建迷信活动；(三)不准赌博；(四)谁看戏谁拿钱，谁吃饭谁拿粮，一律不准向社员摊派；(五)不准利用职权贪污盗窃国家或集体的物资……《通知》的贯彻执行教育了广大党员、干部，密切了党群、干群之间的关系。

兰考由于连年受灾，在一部分干部中存在着消极情绪，想调离灾区到丰收地区去。焦裕禄深深感到，要改变兰考面貌，干部是关键。干部不领，水牛掉井。群众在灾害面前两眼望着县委，县委领导干部挺不起腰杆，群众的积极性就得不到充分发挥。1963年元月，焦裕禄在县委扩大会议上要求各级领导同志,要带头到困难队去,与基层干部和群众同甘苦，共患难，为改变穷困地区面貌作出贡献，为基层干部作出榜样，真正做到身不离群众，心不忘灾区。

一个风雪交加的夜晚，几位县委领导给焦裕禄汇报工作。焦裕禄说:“请大家跟我到火车站去一趟。”大家不知用意，跟着前往。兰考火车站风雪弥漫，气温很低，那里拥挤着许多灾民，等候着开往外地的火车。心情沉重的焦裕禄对同伴们说："这些人绝大多数都是我们的阶级兄弟，是灾荒逼迫他们离乡背井的。这不能怪他们，责任在我们身上。党把36万群众交给我们，我们没能领导他们战胜灾荒，安居乐业，应该感到羞耻和痛心……"焦裕禄热泪盈眶，再也讲不下去了。几位县委领导也都难过得低下了头，而心里却豁然开朗，明白了风雪夜车站之行的含义，使县委一班人受到一次最实际、最生动的教育，增强了率领广大干群团结奋斗，彻底改变兰考面貌的决心。

焦裕禄针对当时一部分干部不安心灾区工作的思想和在工作上的畏难情绪，他没有直接地进行批判，而是先提出："面对严重的灾情，我们是迎着困难走好，还是避着困难走好？"让大家认真地讨论和思考这个问题。然后他又根据讨论的情况，尖锐地说："兰考的自然灾害严重，客观条件不大好，这是事实。可是，这个地方在抗日战争和自卫战争中，我们从敌人手里夺了好几次才拿下来，它的得来并不容易。那么现在，在困难面前，我们是把它放弃交给敌人好呢，还是把它保留下来，好好地改造？"许多干部听了他这些发人深思的谈话，都很受感动。原来不安心灾区工作的同志，在他的启发教育下，也扭转了思想，安下心来。

当焦裕禄了解到：有两个刚从学校毕业的林业大学生，分配到兰考搞泡桐实验，不安心工作，想离开兰考，焦裕禄亲自去做他们的思想工作。

在一个风沙弥漫的日子，焦裕禄来到老韩陵，探望住在这里的两个刚从学校出来不久的青年干部小魏和小朱。他们正在这里蹲点，专门研究泡桐的栽培经验。但是，由于兰考“三害”严重，他们思想上有些波动。觉得整天和风沙打交道，生活太艰苦，不如回大学教书或搞研究工作。焦裕禄知道这件事后，在百忙中，曾三次去探访他们，和他们促膝谈心。

焦裕禄一进门，有位林业工人向小魏和小朱介绍说：“这是县委焦书记，他是特地来看望你们的。”焦裕禄连忙说：“你们就叫我老焦好了。在林业这门学问上，我还要向你们请教哩！”他们一见县委书记如此谦逊可亲，就坦率地和他攀谈起来。

焦裕禄说：“听说你们是南方人，来到兰考生活习惯不习惯？”小魏说：“生活上不习惯，这里风沙多，群众生活苦，搞研究工作困难不小。”

焦裕禄说：“兰考是个沙区，连年受灾，生活是苦一些，但这是暂时的。兰考有这么多沙丘，只要我们大搞植树造林，大搞农桐间作，风沙是能够战胜的，生活会好起来的。兰考有90万亩耕地，可以搞40万亩农桐间作，你们说说，还能上哪找到这么大的研究基地呢？”

两个青年人心想:焦书记说的这些,为啥以前我们看不到呢?

焦裕禄接着说:“泡桐是兰考一大宝，很有发展前途，很值得研究。特别是农作物和泡桐间作，这是劳动人民在与风沙斗争的实践中创造和发展起来的经验。因此，要想研究它，就不可忘记劳动人民;要想研究好，就要使思想感情在群众中扎根。”

焦裕禄说到这里，他意味深长地指着一棵泡桐树说:“这棵泡桐树，树干这样粗，树叶这样茂，没有扎得很深的根是不行的。你们是南方人，远离家乡，阔别亲人，这是为了革命，这是党的需要，只要在群众中扎下根来，你们的工作就会像这棵泡桐树一样，根深才能叶茂。”

多么亲切的关怀，多么感人的教诲。焦裕禄的话，说得这两位青年人心里热乎乎的。当焦裕禄知道他们都是共青团员时，就热情地鼓励说:“你们要好好学习毛主席著作，争取在改造兰考面貌的斗争中入党吧!你们现在还很年轻，要善于在困难中进行斗争，并且坚持下去，坚持就是胜利。困难能考验人，这对你们的成长有好处。就像泡桐树那样，任凭风吹沙打，宁折不弯，它巍然屹立，这就越发显得可贵了。”

焦裕禄临走时，问他们生活上有什么困难，说他可以转告县委，请县委帮助解决。

焦裕禄考虑到这两个南方来的青年人，习惯吃大米，他回到县里，就要办公室想办法予以照顾。县委办公室从供应县委干部的部分细粮中，抽出了一些大米，交粮站供应他们。不久，两位青年人去粮站买粮时，粮站同志告诉他们:“你们可以全部买大米了，这是焦书记亲自批的。”

两个青年人听了十分感动。他们又回味了焦裕禄的谈话，对他们的关心，感到过去想离开兰考的想法太错误了，太对不起党和人民了。他们从焦裕禄的谈话里，看到了希望和前途，获得了战胜困难的勇气和力量。

当焦裕禄第二次来看望他们的时候，他们已经在一片沙荒地上，育起了一行行整齐茁壮的桐树苗。焦裕禄非常高兴，连声赞扬他们干得好。

△ 焦裕禄表扬的两个大学生正在搞泡桐实验

作为县委书记的焦裕禄深切感到：要带领全县人民团结奋斗，必须当好“班长”，凝聚人心，鼓舞士气。他非常注重自己的工作方法。对于复杂的问题和人的思想问题，他总是采取“面对面的领导”和“苦口婆心的教育”。对于普遍的共性问题，他总是以昂扬的姿态，去激励人、影响人。在一次干部会上他说：“遇灾以后，有些干部躺倒了，不干了！哭了！哭，能不能解决问题？如果哭能解决问题，我这个当县委书记的带头哭。”他把话头一转，又说：“哭，是懦夫思想，是最无能的表现，我们应该从困难中看到光明，从不利中看到有利！”

◁ 焦裕禄与泡桐

兰考要走新道路

☆☆☆☆☆

焦裕禄为了深入发动群众，启发群众，教育群众。他从这村跑到那村，从这队跑到那队，到处走，到处看，到处问，他了解到很多重要情况，也发现一些深思的问题。他提示："兰考的穷根在哪里？怎样挖穷根栽富根？面对严重灾荒，我们是苦干或是苦熬？……" 在群众中广泛开展一场大讨论。经过讨论，人心思动，形成一致意见，风沙、内涝、盐碱"三害"，是兰考的灾根、穷根。

一次，省委书记刘建勋来兰考视察，随同采访的《河南日报》总编辑被焦裕禄知难而进、迎难而上的大无畏精神感动了，决定对兰考进行重点采访。

一天，焦裕禄同记者们座谈时说："……兰考逃荒要饭的旧道路不能再走下去了，今后要走新道路，这条新道路就是：振作精神，奋发图强，自力更生，艰苦奋斗，抗灾自救，改变面貌。”

他又说：“道路在于人走，经验在于总结，士气在于鼓舞，我请求你们这些秀才，对我们兰考这个落后地区，多报道一些积极因素，鼓舞一下干部的士气，振作一下群众精神。”记者们根据焦裕禄提供的线索，深入灾区采访。不久，兰考重灾区的消息、通讯、社论就在《河南日报》一版显著位置发表了，这对兰考广大干部群众震动很大。在一次全县干部大会上，焦裕禄激情满怀地说：“我们要结束兰考逃荒要饭的旧道路，开辟奋发图强、抗灾自救的新道路！省委领导在给我们拨灯指路，《河南日报》在为我们鸣锣开道，省地机关在为我们摇旗呐喊，我们还有什么理由躺倒不干！？县委决心带领全县人民大干、苦干三五年，改变兰考面貌。”就这样，焦裕禄在重重困难中，以大无畏的开创求实精神，带领兰考人民走上了“抗灾自救，改变面貌”的新道路。

当时，兰考的外流人口很多。

县委有的领导主张单纯依靠派干部劝阻灾民外流。焦裕禄却认为：“我们的着力点不能放在劝阻外流、争取外援之上，而应是发动、组织群众，树立抗灾信心，搞好生产自救。”他说:“单纯的依靠劝阻灾民，是扬汤止沸；搞好抗灾自救，才是釜底抽薪。”1963 年 2 月，县财政局要发放一笔支援困难队的投资款。焦裕禄一面对基层干部进行教育，不能贪污，不能浪费，不能挪用，一面指示县财政局，不能平均分配，要有重点地使用这笔钱，要按“穷、硬、明、纯、快”五个字来办。穷，就是连年遭灾，底子特别空的队；硬，就是不怕困难，人穷志不穷；明，就是走社会主义道路方向明；纯，就是班子里没有坏人，干部作风好；快，就是一扶就能起来，很快翻身。

制订宏伟规划

☆☆☆☆☆

在开展“如何战胜灾荒，改变兰考面貌”的大讨论中，焦裕禄组织县委班子学习毛主席的《为人民服务》，回忆兰考的革命斗争史。在革命战争年代里，兰考县的共产党员和革命群众，进行了英勇顽强、前仆后继的斗争。曾经有九个区长和一些革命党员为革命壮烈牺牲。焦裕禄语重心长地对县委常委们说：“兰考这块地方，是烈士的鲜血换来的，先烈们并没有因为兰考灾大、地贫、人穷，就把它让给敌人，难道我们就不能在这里领导群众战胜自然灾害吗？兰考是个大有作为的地方，问题是要干，要革命。兰考确实灾害大，困难多，但灾区有个好处，它能锻炼人的革命意志，我们要发扬先烈们的革命精神，在困难面前逞英雄！”焦裕禄的革命意志和乐观主义的革命精神，感染了县委一班人，大家表示：团结一致，大干一场。

2月，县委开始议论抗灾治灾的问题。焦裕禄说：“我们应该相信兰考广大群众有改天换地、治穷致富的迫切愿望和积极性。只要县委拿出彻底改变兰考面貌的蓝图，广大干群认准了前进的目标，就会同心同德，团结奋斗，把宏伟蓝图变成灿烂的现实！”经过讨论，县委决定开展“治沙、治水、治碱”斗争。在焦裕禄的建议下，抽出县委副书记张钦礼主抓除“三害”工作。首先成立除“三害”办公室。接着，从全县抽调一百二十多名干部、技术员和老农，成立“三害”调查队，焦裕禄表示既当队员，又当“队长”。同志们认为他工作多，又有病，都劝他不要下去。焦裕禄说：“吃别人嚼过的馍没味道！”

风沙灾害在兰考非常严重。座座沙丘，盘踞在兰考大地，吞噬着良田和庄稼，多年来犹如座座顽固的堡垒，久攻不克。焦裕禄、张钦礼亲率“三害”调查队，奋战在勘察沙丘、追寻风口的第一线。经过几十天的奔波，焦裕禄等县、社领导和调查队员，跑遍了全县 86 个大、小风口，261 个大沙丘，63 个沙群。在此期间，焦裕禄还走访求教许多有经验的基层干部和老农，掌握了风沙灾害的成因和治理办法的大量第一手资料。一次，焦裕禄在张庄大队了解到一个“奇迹”，大风能把坟刮平，把棺材刮出来，但把坟头封上一层淤土后再没有被风刮平。他说：“一个人一个早晨就封住一个坟。我们依靠集体的力量，有成千上万人，干它几年，拉淤土封沙丘，再种上草，栽上树，用这种‘贴膏药、扎针’的办法就能把灾害的沙丘，变成锦绣绿洲。”

盐碱，对农作物危害极大，撒下种子腐烂，出来禾苗碱死。有空就补，见苗就留。一块地种几样作物，远看一片青，近看大窟隆。为了治理

△ 焦裕禄带领“三害”调查队勘察沙丘

盐碱，焦裕禄从抓点入手，在金营大队搞台田试种棉花，进行调查研究。他了解到群众治理盐碱地的很多方法，如翻淤压碱、挖沟淋碱、冲沟躲碱、铺沙盖碱、种植耐碱作物等。后来，焦裕禄发现盐碱地上的三春柳长得十分旺盛。群众给他介绍说，这种柳最适合盐碱地生长，一年的春、夏、秋季各开一次花，如过三个春天，俗称“三春柳”。焦裕禄听后，意味深长地说：白茫茫盐碱地的三春柳具有顽强的性格，这不正是碱区群众向灾害作坚决斗争的象征吗？

在兰考，几乎年年有涝灾。5月18日，瓢泼大雨整整下了一天多，降雨量达到180毫米。次日黎明，焦裕禄冒雨到郊外田间查看水情；回到县委后，各公社纷纷传来不幸的消息，不是房屋倒塌、人畜受困，就是麦子泡进洪流，禾苗被水吞没，洼地变成汪洋。早饭后，焦裕禄带着办公室的同志，冒着倾盆大雨，顺着滚滚水流，查看水路去了。他们越过陇海铁路，渡过杜庄河，来到王孙庄，正巧，城关公社党委在这里开防汛会。焦裕禄又参加会议并和大家一起议论。有的说：“满心想摘掉灾帽，可这场大雨一下，又像系上个帽带，灾帽戴得更结实啦！”有个干部不发言，“呜呜”地哭。焦裕禄见此情景，陷入了沉思，没有抗灾的干部，就没有抗灾的群众，应帮助干部树立克服困难的信心。他说：“我们干部对待困难一是不怕，二是顶着干。怨天尤人不可有，悲观丧气不足取，无所作为不能要！”大家振奋了精神，提出了许多抗灾自救的具体措施。焦裕禄把这些归纳为“四丢四捞”，洼地丢了岗上捞，农业丢了副业捞，地上丢了树上捞，夏季丢了秋季捞。这个从群众中总结出来的抗灾方案，很快变成了轰轰烈烈的群众运动。

8月初，又连降暴雨，降雨量达到359毫米，大片庄稼被洪水吞没，不少村庄被洪水包围。焦裕禄认为：大水遍地流是查水路的最好时机。焦裕禄、张钦礼和县委其他同志带领“三害”调查队，兵分几路顺流直追，站在洪水中细心地察看流向，掌握了大量有关“三害”的资料，绘成了详细的排涝泄洪图。

兰考西高东低，每下大雨，洪水自然东流，形成了洪水借山东之路入海的自然趋势，常给山东曹县造成客水之患。过去，两个邻县为此纠纷迭起。1958年，山东为了蓄洪浇地，在豫鲁边界筑起太行堤，使兰考的洪水一点也泻不出去了。1963年8月的这场大雨，南彰、张君墓公社的东部一片汪洋，平地行船。面对这种情况，两个邻县，一方准备破堤，一方加强堤防。为防止矛盾冲突，焦裕禄力挽狂澜，一面通令南彰、张君墓公社各级党组织，不准破堤放水，一面派张钦礼到山东菏泽地委汇报工作。菏泽地委听取了兰考代表汇报的除“三害”设想和面临的水患，十分赞赏兰考人民的雄心壮志，立即指示曹县县委从大局出发，为兄弟县解难。从此，两县人民团结治水，挖通了河道，修好了闸门，结束了千年来的水利纠纷。

焦裕禄带领除“三害”调查队，经过一段时间艰苦工作，终于摸清了“三害”的底细。他建议，各生产队、大队、公社都要制订除“三害”规划，并经各级社员代表大会讨论通过，报上一级批准，这既是群众路线的工作方法，也是发动群众、组织群众、教育群众的过程。在焦裕禄的主持下，张钦礼亲自写出了《关于治沙、治水、治碱三五年的初步设想草案》。7月27日，县委经过第三次讨论后，初步定稿。焦裕禄在这个文件上批道：“我建议这个文件铅印1500份，发给党的支部书记以上的干部每人一份，号召他们学习，并出谋献策，为此立功。这个文件，今后要在各种会议上讲，如党代会、人代会、劳模会、各种干部会，也是党课、团课的辅助材料。”这个《规划》道出了焦裕禄和广大干部的决心：“我们对兰考的一草一木都有着深厚的感情，面对着当前严重的自然灾害，我们有革命的胆略，坚决领导全县人民苦战三五年改变兰考面貌，不达目的，我们死不瞑目。”8月，中共河南省委第二书记何伟来兰考视察工作。当他了解到兰考除“三害”的设想规划时，大为赞扬。他说：“老焦！你们的除‘三害’设想很好！我押袜子卖鞋也支持你们！”他又指示《河南日报》大力总结宣传兰考人民的抗灾斗争精神和经验。省委领导的支持，极大地鼓舞了兰考干部和群众的抗灾斗志。

战天斗地除“三害”

⊖ 榜样的力量是无穷的

☆☆☆☆☆

1963 年，是兰考人民在以焦裕禄为书记的县委领导下，向“三害”进军取得决定性胜利的一年。

经过风沙滚滚的春天，又度过暴雨连绵的夏季，焦裕禄等同志带领除“三害”调查队，深入到风沙、盐碱、内涝比较严重的社队进行调查研究，使县委基本上掌握了“三害”发生、发展规律，发现和总结了一批抗灾除害的先进典型和宝贵经验。焦裕禄认为，要从根本上制服“三害”，必须进一步发动群众，打一场除“三害”的人民战争。

但是，怎样才能深入广泛地调动群众的积极性，把县委的决心和规划变成兰考人民的行动呢？焦裕禄为了这个问题在苦苦思索着。后来，他从毛主席的著作中汲取了无穷智慧和力量。

毛主席说："我们共产党人无论进行何项工作，有两个方法是必须采用的，一是一般和个别相结合，二是领导和群众相结合。""从群众中集中起来又到群众中坚持下去，以形成正确的领导意见，这是基本的领导方法。"

在县委会议上，焦裕禄深有体会地说："榜样的力量是无穷的。除"三害"要抓典型，树旗帜，带一般。"他号召大家深入到群众斗争的实践中去，倾听群众的呼声，总结群众的斗争经验，推广群众中涌现出来的新生事物。他还用形象的语言，开导大家："同志们哪！我们领导干部应学会一套领导工作方法，榜样的力量是无穷的，我们抓工作，就是要抓典型，带一般，抓两头，带中间。我们要像常香玉唱《花木兰》《拷红》那样，也得抓几出得手戏，如果不抓典

△ 1963年9月，焦裕禄与城关公社党委书记孟庆凯合影

型，不抓重点，而是‘撒胡椒面’、‘抹万金油’、‘盘子喝水普面来’，就会造成‘老和尚的帽子——平铺塔’、‘鸡飞蛋打狗舔灯’……我们要学会运用正反两方面的典型，来教育群众，推动工作。”

县社领导按照毛主席“一般和个别相结合，领导和群众相结合”的领导方法，改变作风，深入基层，调查研究，抓典型，树样板，总结了很多典型……根据焦裕禄的建议，县委决定：召开群英大会，表扬先进，树立榜样，总结经验，以利再战。

1963年10月4日，群英大会开始了，在兰考礼堂前，车水马龙，热闹非凡。参加群英会的代表有集体，有个人；有领导，有群众；有男的，有女的；有老的，有少的……这次会议规模之大，人数之多，范围之广，是多年来少见的。这天，县委领导来到主席台上，焦裕禄主持了群英大会。他在会上满腔热情地为英雄模范人物披红戴花，请他们介绍经验，让他们到众人之前亮相，把他们鼓动得浑身是劲……

焦裕禄为了树立“秦寨的决心”，首先，让秦寨的代表介绍经验。秦寨的代表说：“我不识字，叫我说啥呢？”

焦裕禄回答：“心里有啥，就说啥，想咋说，就咋说，把内心想说的话，都倒出来，能说多长时间，就说多长时间……”焦裕禄这样一说，秦寨代表敞开了思想，根据自己的工作情况，想出了“八抓五教育”的介绍内容。他站在扩音器前，打着手势，声调洪亮，滔滔不绝地讲开了……

半个小时过去了，他介绍的“八抓五教育”，才讲到“三

△ 焦裕禄在盐碱地上搞的台田

抓”……

一小时过去了,他介绍的“八抓五教育”，才讲到“六抓”。

两个小时过去了，他介绍的“八抓五教育”, 刚刚转入到“五教育”……

会场上的人有点不耐烦，可焦裕禄说：“好！好！继续往下讲……”

秦寨代表介绍的“八抓五教育”，几乎占去一个上午。

下午发言时，焦裕禄喊一位模范的名字，到送话器前发言。接着，又把一位头顶蓝方格布头巾，上穿墨绿色棉袄，怀里抱着一个小孩的中年妇女，让到他身边。焦裕禄介绍说：“这位妇女是他的家属, 是一位副模范……” 人们不解地问:“咋还有副模范？”“职务论正副，模范咋能论正副？”“真奇怪”……下边一片议论声。

这位模范讲话了：“大家选我当模范，我认为是她的功劳……” 他指指旁边的妻子，说：“她是我的内当家，家务事全替我操持了。七十多岁的老父亲，多病体弱，不能起床，她整天端吃端喝，细心照料。腾出我这个干部，领导群众治沙，有时连饭也顾不得回家吃，她都给我送到地里。她没有吃过一顿安生饭，没有睡过一个囫囵觉，不喊苦、不说累……后来，焦书记知道了，让我带着家属来开群英会。群众说，她算个副模范吧！……”中年妇女插话说："主要还是孩儿他爹干的……”一阵热烈的掌声打断了他夫妻二人的讲话。这时，一位七十多岁的老模范，站在主席台前的话筒旁，侧耳细听。焦裕禄走向前去，问："老大爷，站那儿多累人，请你到座上听吧？"

老模范连声回问："啊？啥呀？我耳聋，人家讲经验，我恐怕听不清。”焦裕禄忙把这位老模范搀到主席台上，特意从舞台后边找来一个小板凳，端来一杯茶，让他坐到扩音器前。老大爷连声说："句句都能听清……”

焦裕禄带头呼口号，带头给发言者鼓掌，会场上掌声阵阵，笑声不断……

焦裕禄在这次群英大会上，大树榜样，广立标兵。

韩村是一个只有 27 户人家的生产队。1962 年秋天遭受了毁灭性的涝灾，每人只分了 12 两高粱穗。在这样严重的自然灾害面前，生产队群众提出，不向国家伸手，不要救济粮、救济款，自己割草，卖草养活自己。他们说：摇钱树，人人有，全靠自己一双手。不能支援国家，心里就够难受了，决不能再拉国家的后腿。就在这年冬天，他们割了 27 万斤草，养活了全体社员，养活了 8 头牲口，还修理了农具，买了 7 辆架子车。

秦寨大队的贫下中农社员，在盐碱地上刮掉一层皮，从下面深翻出好土，盖在上面。他们在干深翻地的时候，正是夏季，他们说："不能干一天，就干半天，不能翻一锨就翻半锨，用蚕吃桑叶的办法，一口口啃，也要把盐地翻个过儿！"

赵垛楼的贫下中农在七季基本绝收以后，冒着倾盆大雨，修渠挖沟，同暴雨内涝搏斗。1963年秋，这里一连九天暴雨，却获得好收成。卖了8万斤余粮。

双杨树的贫下中农，在农作物基本绝收的情况下雷打不散，社员们兑鸡蛋、卖猪、买牲口，

▽ 挖河修渠，根除内涝

买种子，坚持走集体经济、自力更生的道路，社员们说:“穷,咱穷到一块儿,富,咱也富到一块儿。”

坝子生产队经过抗灾斗争，秋季获得了好收成。群众首先想到国家对灾区的关怀,他们说:“我们困难时，国家从山南海北给我们调运粮食。今年我们的粮食自给有余了，应该想到国家，想到灾区。”他们在留足种子，安排好群众生活的基础上，自动向国家交售了爱国粮。

焦裕禄把这几个典型概括为五句话：“韩村的精神”、“秦寨的决心”、“赵垛楼的干劲”、“双杨树的道路”、“坝子的爱国主义风格”。在会上还命名了一批“硬骨头队”，同时还树立了重视发展泡桐的城关公社胡集大队为林业红旗队。焦裕禄在大会上说：“这些先进典型所走的道路，就是兰考的新道路，只要以他们为榜样，全县就会迅速掀起除‘三害’的新高潮，多灾多难的旧兰考，很快就会变成社会主义新兰考！”这次大会,是兰考人民自力更生、团结奋斗,大战“三害”,扭转兰考被动局面的动员大会和誓师大会。榜样的力量是无穷的，这些鲜艳的旗帜一树立，在全县各个角落，很快引起了强烈的连锁反应。在县委的领导下，焦裕禄率领全县广大干群向“三害”发起了猛烈的总攻。

锁住风沙

☆☆☆☆☆

在除“三害”斗争中，为了取得经验，县委决定先搞试点，由点到面，全面铺开。如治沙，焦裕禄率领干部群众首先在张君墓公社赵垛楼大队进行了小面积翻淤压沙，封闭沙丘试验，用两天时间，封闭了一个30亩大的沙丘，经过七级大风考验，沙丘没滚动，旁边的麦苗没打死。小面积试验成功后，县委又决定在爪营公社张庄大队搞大面积试验，发动群众大干30多天，把1000多亩大的17个沙丘，全部盖上了一层半尺厚的淤土，经过多次七级以上大风考验，效果良好。张庄、赵垛楼改造沙丘、根治沙害的经验推广后，全县很快掀起了一个群众性的治沙高潮。

经过调查队勘察，全县共有86个大风口，261个沙丘，63个沙群，还有十几条沙龙，危害农作物30多万亩。从风沙的危害程度来看,沙丘最为显著,治理风沙，先治沙丘。

在一次座谈会上，研究如何治理沙丘时，焦裕禄征求大家的意见。有讲造林固沙的，有说挖防风沟的，有说打防风墙的,意见很多。焦裕禄说："这些办法都很好，就是慢了点。我们看着受灾的群众，再想想我们的责任，治沙的事，能不能快点？"

有人提出，外国有一种沥青固沙法，在沙漠地区，每亩沙丘上，需用30公斤沥青加以覆盖。焦裕禄听了，不禁哈哈大笑："这个办法适合外国，不适合中国的兰考……咱们有的是人。咱们要发扬南泥湾精神，办法要到群众中去寻找。"

有一次，调查组的同志向焦裕禄汇报了一个情况，张庄附近原来有一个27户的彭庄，现在已经被沙丘湮没了。老贫农魏铎彬他母亲的坟就在这里，经常被狂风刮开，露出棺材。魏铎彬用一个早晨的工夫，挖淤土盖到坟上，淤土盖上以后，狂风再也吹不动了。

焦裕禄听了这个事例非常高兴。他霍地站了起来，提着笔,兴致勃勃地说："这是个重要发现。一个人，一个坟，一个早晨，对我们是个很好的启发。我们要发挥集体的力量，一百人,一千人，一万人，十万人，孩子老婆齐上阵，大筐小筐往上端,担的担，挑的挑，抬的抬，扛的扛，凡是有淤土的地方，都采用淤泥盖沙的办法，干他一年、二年甚至三年的时间，准可以在兰考来个大翻身。"

赵垛楼的小面积翻淤压沙成功了，张庄大面积的翻淤压沙也成功了。这样，大家的信心就更大了。

接着，县委召开了沙区的45个大队党支部书记会议，把这两处试验成功的办法向全县推广。经过一个冬春的奋战，全县危害最大的一些沙丘，全用淤土封闭了，又在上面种了各种树木。焦裕禄兴奋地看了一处又一处，他指着封闭了的沙丘说道："沙丘为害数百年，现在我们给它贴上'膏药'（盖上淤土），'扎上针'（栽上树），从治病来说，这还只是个救急的办法。"造林固沙是根本，是百年大计。

△ 焦裕禄在花生地里拔草

在治沙活动中，焦裕禄很重视恢复发展泡桐。焦裕禄通过调查了解到，泡桐是一种速生树种，不但能尽快起到防风固沙作用，还是经济价值很高的出口木材，与花生和大枣并称为"兰考三大宝"。1958年大跃进炼钢铁大量砍伐，此时所剩无几。焦裕禄决心尽快恢复发展泡桐。

城关公社胡集大队

过去是有名的泡桐之乡，他亲自来到这里住队蹲点。

阳春三月，正是栽种泡桐的大好季节。胡集大队规划在村南营造大面积泡桐林。一天上午，社员到齐了，桐苗运来了，专等令下，开始行动。就在这时，林业主任和大队支书在怎样栽种上发生了意见分歧，各持己见，互不相让。

林业主任说："你这种搞法，不实际！"

大队支书说："你这种搞法，没根据！"

林业主任说："群众的意见，就是实际！"

大队支书说："公社的指示，就是根据！"

林业主任说："你不能拿公社指示，比葫芦画瓢！"

大队支书说："你不能当群众的尾巴！"

……

社员说："干部吵闹。群众睡觉！""意见不统一，躺那儿先休息！"

胡集大队是焦裕禄发展泡桐的重点（也是焦裕禄树立的一个林业红旗队）。那天，焦裕禄带领办公室几位同志骑自行车直奔胡集南大方。正在那里躺躺坐坐的社员，一看焦书记来了，忽地站了起来，不约而同地说："焦书记来了，请他判断定案吧！"

焦裕禄环视了一下干部和群众，问道："怎么啦？"

社员说："意见分歧，不能统一。"

焦裕禄问："什么分歧意见，达不到统一？"

大队支书说："我觉得胡集既然是全县发展林业的重点，植树造林就得弄个样子给人家看看。栽种泡桐，统统要做到纵横成行，整齐划一，散植零星的泡桐苗，一律进行移栽……”

林业主任说：“我不同意你这种说法。俗话说：人挪活，树挪死。不能追求形式上的美观，应从生产实际需要出发……”

社员说：“焦书记，拿主意吧！请你判断定案吧！”

焦裕禄想了想，笑着说：“双方说得都有道理，但我们办事情，想问题，一定要首先抓住主要矛盾。眼下的主要矛盾，是度荒救灾，发展泡桐，就要‘先顾吃饭，后顾好看’。”他指着苗圃里的幼桐苗说：“这些桐苗往地里移栽时，要考虑到便于将来机耕。”他又指着散见于田地当中的单株独苗说：“这些苗就不要动了，不管成行不成行，先保证它活下去就行。我们要从实际出发，讲究实效，不讲究形式。三五年以后，泡桐成长起来了，风沙治住了，便于机耕的农桐间作体系形成了，再考虑营造美化城乡的观赏植物。”

“先顾吃饭，后顾好看”，八个字讲清了植树造林中主要矛盾和次要矛盾的关系，讲清了工作中的轻重缓急，把大家争论不休的意见，非常辩证地统一起来了。

1963 年 7 月的一天早饭后，焦裕禄约城关公社书记到胡集、老韩陵一带，检查护林措施落实情况。

路上，焦裕禄问公社书记："造林容易，护林难啊！你们公社的护林措施落实了没有？"

公社书记兴奋地告诉他："咱商量的措施全落实了，护林公约搞得比较扎实。"

焦裕禄问："你们怎样组织实施的？"

公社书记连珠炮似的回答："第一，在胡集安一个林业派出所，人员已经到位；第二，各队都抽出了专门护林员，日夜巡逻；第三，各主要路口都设了林业宣传站，向过路人宣传林业政策；第四，队队有护林制度，户户有护林公约；第五，各种会议开得没遍数……"

焦裕禄听了，笑着说："好！好！你们的护林工作搞得很有深度和广度。"

杀住“碱老虎”的威风

☆☆☆☆☆

兰考县有盐碱地 26 万多亩，种类很多，有盐碱、白不咸碱、卤碱、马尿碱……

在盐碱地上种庄稼，撒下种子腐烂，出来苗碱死，说得严重点儿，那些重碱地埋上个粮食囤，也出不来苗。

可是，白茫茫的盐碱地上，只有三春柳郁郁葱葱，生机盎然。三春柳能杀住碱老虎的威风，盐碱越重，它长得越旺。焦裕禄想：我们要学习三春柳的顽强精神，灾害越重，劲头越大。

为了治理盐碱，焦裕禄跑遍所有碱区进行调查研究，找寻治理方案。因为碱的种类很多，碱性不同，治理办法也不相同。焦裕禄每到一个地方，都要亲自进行试验，了解碱性，和群众一起商量治理办法。

一天，焦裕禄来到重碱地区的秦寨大队调查研究，他问一位老农：“怎样在盐碱地上获得好收成？”

老农给他谈了“现在的种植法”和“对碱地的改造法”。

老农说：“只要工夫到，种得巧，还能座住一些苗，获得一点收成。比如说春季，开始可以种高粱，高粱出不齐苗，补谷子；谷子出不齐苗，补玉米；玉米出不齐苗，撒萝卜……见苗就留，见空就补，种一茬又一茬，补一次又一次，按季节不能再种啦，那就只好算了。这样一块地种七八样作物，开始种的成熟了，最后种的还没有出苗，嗨，你看吧，盐碱地里的庄稼不是‘三滴水’，就是‘四棚楼’；不是‘杂货铺子’，就是‘老少几辈’，远看一片青，近看大窟窿……”

老农告诉他：“俺这块地方，30 年前，本来是块好淤土，黄河决口，一家伙变成了盐碱地。如果能让它翻个身，把淤土翻上来，它说不定又变成好淤土了。那还能不增产吗？”

焦裕禄有意试探道：“要把这几千亩地全翻一遍，工程可不小啊！”

老农颇有信心地回答：“咱毛主席的书上不是讲过老头搬山的事吗，老头一家人还要搬掉两座山哩，俺队几千口人，还翻不了一块盐碱地！用它一年、二年、三年，别说用铁锨翻啦，就是用嘴巴啃，也能一口一口把它啃掉！”

焦裕禄兴奋地说：“说得好！这才是咱们社会主义的新愚公哩！你们的决心，正是愚公的精神，要像蚕吃桑叶一样，一口一口，一块一块吃掉它！县委坚决支持你们！”

秦寨大队的社员听说焦裕禄支持他们，于是立即开展了深翻压碱的活动。焦裕禄考虑到，这项工程，劳动强度大，工具不足，存在一定困难。焦裕禄回到县里以后，随即拨来几万斤粮食和几千元救济款，支持秦寨大队群众翻淤压碱。这样，秦寨群众干得更欢了。焦裕禄到处宣传秦寨治理盐碱地的决心，推广他们的经验。一个改造盐碱地的热潮很快在兰考大地开展起来。在改造盐碱的活动中，他们根据本地区的具体情况，分别采取了各种办法。如，深翻压碱、冲沟躲碱、以水冲碱、铺沙盖碱、挖沟淋碱、种耐碱作物，等等。经过一年多的奋战，二十多万亩盐碱地都得到初步治理。

牵着“龙王”的鼻子

☆☆☆☆☆

兰考地形复杂，坡洼相连，沟系紊乱，遇雨成灾。

1963 年，秋汛提前来到兰考。白帐子猛雨，下了七天七夜，全县变成了一片汪洋。

焦裕禄想 :“洪水呀! 等还等不到哩，你自己送上门。”那时,焦裕禄正患着慢性肝病，许多同志担心他在暴风雨中奔波，会加快病情发展，劝他不要参加调查队，但他毫不犹豫地拒绝了同志们的劝告，他说 :“吃别人嚼过的馍没味道，我要亲自探一探水路。”

焦裕禄和县委几个同志商量说 :“我建议县委领导同志立刻分头下去，一面领导群众排水抗洪，一面抓住时机，冒雨观察，查清水路。公社、大队的领导干部也一定到现场去，认真地查看，详细地记载，就地绘图。

要一段一段地看，一片一片地查，弄清哪里走水，哪里阻水，哪里需要挖河、开沟、架桥、扒口。”焦裕禄安排后，就拿起雨伞，带领办公室的三个同志冒雨出发了。

他们一出县委，就被暴风雨包围了，一出城区，就走进了汪洋大海。呈现在眼前的，是白雨茫茫，房倒屋塌，洪水横流，禾苗都被埋在水底下。

焦裕禄走在最前头，他试探着水的深浅，艰难地前进着。跟在他身后的一个同志禁不住感慨地说：“庄稼全给淹了，群众的生活咋过呢？”焦裕禄立即纠正道：“唉声叹气有什么用？老天爷也不会给咱粮食。我们要夺丰收，只有坚决斗争，和天斗，和地斗。现在我们赶着水头，顺着水势，摸清它的情况，今冬明春挖好排水渠，明年它就不会再猖狂了。”

同志们看见焦裕禄在泥水里艰难移动的样子，心里十分感动。于是，就跑到高粱地里，折了一根高粱秆，递给了他，既可以当拐棍，又可以探水路。雨下得又大了，前面的一条小河哗哗地流着。他们走到跟前一看，路早已找不到了。焦裕禄首先下河，用高粱秆探测着深浅，摸索前进。终于找到了水的去向。焦裕禄站在洪水激流中，同志们为他张着伞，他画了一张又一张水的流向图，又在旁边画上符号，写上字。

前面的水越来越深，有些地方，正打着旋涡，泛着泡沫。他们手牵着手，顺着水势趟着齐腰深的大水，越过激流，向前走去。当他们走近一片高地上的瓜棚时，一位老大爷高声把他们喊住了："下恁大雨，你们跑出来干啥？"焦裕禄高声回答："我们是察看水路的！"老大爷冒雨赶到焦裕禄跟前，关切地说："你们不想活啦！前边是一个大深坑，掉进去就没命啦！"老大爷指着前方对焦裕禄说："您顺着这个方向走，就可绕过深坑！"焦裕禄感谢老大爷的指点，又顺着滚滚的洪水朝前追去，一直追到县境。他们忍着饥饿在夜色水光中，摸黑才回到县委。

焦裕禄根据调查的情况，召开了县委会议，认真作了分析、研究，商定了治理内涝的方案。1963 年一入冬，在县委的统一领导下，组织千军万马，掀起了轰轰烈烈的挖沟、修渠、建闸的水利建设高潮。经过一冬春的奋战，全县的内涝地区基本上达到了小沟通大沟、大沟通河渠、沟沟相通、河渠相连的一个比较完整的排水体系。

1964 年元月上旬，县委根据河南、山东两省达成的协议，组织两万民工，用 7 天时间拆除了边界阻水工程——太行水库南堤，恢复了水的自然流势，解决了兰考、曹县多年的水利纠纷。至此，兰考的内涝问题，基本解除。

1964 年元月，在总结除“三害”工作时，同志们都说：“干了这么长时间，总结写一大本子。”焦裕禄说：“不用，一张纸就总结完了。”他说：“沙区没有林，有地不养人，这是基本情况；有林就有粮，没林饿断肠，这是重要性；以林促农，以农养林，农林相依，密切配合，这是方针；造林防沙，百年大计，育草封沙，当年见效；翻淤压

◁ 焦裕禄在劳动

沙，立竿见影；三管齐下，效果良好。这是方法。”在总结治水工作时，焦裕禄说：“兰考县整个地势西高东低，唯有西南一角北水南流，地面比降六千分之一，这是客观存在的基本情况；以排为主，排、灌、滞、台、改兼施，这是方针；舍少救多，舍坏救好，充分协商，互为有利，上下游兼顾，不使水害搬家，这是政策；夏、秋两季观察，冬、春干燥治理，再观察再治理，观察治理相结合，这是方法。我们的指导思想是：把圈子跑圆，把话说到，不要顶牛。”这段是焦裕禄斗争实践的产物，也是兰考人民除“三害”斗争的最好总结。

群众的贴心人　干部的好榜样

他是咱贫下中农的后代

☆☆☆☆☆

1963年10月，兰考县四级干部会议后，一个大规模的治理“三害”的群众运动，在全县轰轰烈烈开展起来。焦裕禄从多年的实践中深刻体会到，作为领导，当群众的干劲越大，建设社会主义的积极性越高时，就越要注意工作方法，关心群众生活。

同年冬初，焦裕禄来到重灾队之一的红庙公社葡萄架大队住队蹲点，一方面了解除“三害”的开展情况，一方面帮助解决群众的生活问题。一天，焦裕禄来到葡萄架大队土山寨村一户贫农的家里，见夫妻俩满脸忧愁，几个孩子挤在一张床上。他上前抱起一个小孩儿，巡视屋内一切。掀开面缸，没米没面，摸摸饭锅，又凉又空。他详细询问了缺米面、少衣被的情况，挨门挨户地调查访问。然后，专门召开了大队党支部会议，研究救济对象和数量。会后，焦裕禄和队干部亲自把救济粮、款送到他们家里。晚上，焦裕禄又来到那位贫农家拉家常，老贫农感动地说："焦书记，您和俺真是心连心！俺豁出命来跟您干！"

1963年的春节过后，红庙公社葡萄架大队贫农社员张传德，看看缸里没有粮，瞅瞅院里没有柴，摸摸兜里没有钱，往地上一蹲，唉声叹气地说："今后的日子咋过呢？"思来想去，只好带着妻子到徐州一带逃荒要饭。到徐州不久，妻子生下一个男孩，起名叫张徐州。当地自古有种风俗：产妇不满月，是不能进万家门的。因无处存身，生下小徐州六天，就扒火车回到兰考家中。由于路途颠簸，小徐州得了一种黑热病。

一天，焦裕禄来到张传德家访问，看到小徐州奄奄一息，旁边放着谷草和萝筐，准备待孩子断气后，用谷草一裹，装在萝筐里，扔到乱葬岗上，孩子他娘坐在床上痛哭不已。焦裕禄看到这种悲惨情景，心碎了，他走上前去，摸摸孩子的胸口，还有点儿气。焦裕禄当机立断："赶快把孩子送到县医院抢救！"焦裕禄掏出钢笔，从笔记本上撕掉一张纸，随即给县医院负责人写了一封便信。张传德拿着焦裕禄的信，用架子车拉着妻子和儿子，向县城赶去。

焦裕禄来到大队部，又给县医院打了电话，县医院连夜抢救。当时，孩子瘦得皮包骨头，静脉血管难以确认，护士都不敢给孩子打针。最后，还是找了位有经验的老护士，从脚趾间扎下了针。这一夜，几班医生、护士轮流看护、治疗。

经过医生的精心治疗，小徐州的病情稳住了，慢慢地好转了。

半月后，会吃奶了。

一月后，会笑了。

两月后，会爬了……

出院时，医生、护士一大群，一直送到医院大门外。回到村里，很多人围看小徐州。张传德把孩子举起来，说:“这是焦书记救活的孩子呀！”

后来，焦裕禄又来到张传德家里访问，看到活泼可爱的小徐州，抱起来，亲了又亲。张传德说:“这孩子要不是你,就活不成了！”焦裕禄说:“现在是毛主席领导的新社会，孩子是咱贫下中农的后代，将来是咱国家的人才！”

焦裕禄去世后，为了继承焦裕禄的遗志，张传德将儿子张徐州改为张继焦。张继焦改口称焦裕禄为“爸爸”，称徐俊雅为“妈妈”。

"我是您的儿子！"

☆☆☆☆☆

严冬的一天傍晚，北风呼啸，大雪纷飞，焦裕禄想：人、畜的安全过冬问题是否全面落实？他连夜起草了一份《雪天工作》的通知：第一，所有农村干部必须深入到户，访贫问苦，安置无屋居住的人，发现断炊后，立即解决。第二，所有从事农村工作的同志，必须深入牛棚检查，照顾老弱病畜，保证不冻坏一头牲口。第三，安排好室内副业生产。第四，对于参加运输的人、畜，凡是被隔在途中的，在哪个大队的范围，由哪个大队热情招待，保证吃得饱，住得暖。第五，教育全体党员，在大雪封门的时候，到群众中去，和他们同甘共苦。最后一条，把检查执行的情况，迅速报告县委。办公室的同志，立即用电话向各基层发出了通知。焦裕禄惦记着人民群众，焦急的神色一直都没有消失。那天夜里大雪下了一夜，他住室的电灯亮了一夜。

第二天，天刚蒙蒙亮，焦裕禄就敲开同志的门，到办公室开会，他在会上激动地说："同志们，雪越下越大，这给群众带来了很多困难，在这大雪封门的日子里，我们不能坐在办公室里烤火，应该到群众中间去。共产党员应该在群众最困难的时候，出现在群众面前；在群众最需要帮助的时候，去关心群众，帮助群众。"

为了帮助贫下中农解决雪天工作的困难，焦裕禄和县委其他领导同志带着国家的救济粮、救济款，分头出发了。

焦裕禄冒着严风，踏着积雪一连跑了9个村庄，安排了几十户困难群众，最后来到梁孙庄，他走进了一个低矮的茅屋。这里住着两位老人。大爷叫梁俊才，身体有病，躺在床上，老大娘双目失明。焦裕禄问："你的病，怎么样？生活有困难吧？"老大爷反问："你是谁呀？"

焦裕禄激动而坦荡地回答："我是您的儿子！"

梁大爷说："大雪天，你来干啥？"

焦裕禄说："毛主席叫我来看望您老人家哩！"

梁大爷听后，感激得热泪盈眶。

梁大娘一听说是毛主席派来的干部来慰问他们，感动得哽咽着说："我是个瞎子，看不见，你过来叫我摸摸！"焦裕禄像孩子似的俯下身子，让老大娘去抚摸。

老大娘伸出颤巍巍的双手抚摸着焦裕禄，由胳膊到肩膀，再到脸膛，她哽咽地说："我老婆子骨头沤烂也忘不了毛主席、共产常的恩情啊！"

在那大雪封门的日子里，焦裕禄不顾肝病的痛苦折磨，走进贫下中农的低矮柴门，访贫问苦；他深入牛棚、茅屋和群众促膝谈心，他把党的温暖带给了千家万户。

保持劳动人民的本色

☆☆☆☆☆

焦裕禄身为县委书记，当官不像官，始终保持着劳动人民的本色。在下乡的日子里，他都是以一个普通劳动者的身份出现在群众之中，群众挖河，他挥锹；群众栽树，他培土；饲养员喂牲口，他添草……他这种劳动人民的应有本色，他这种艰苦朴素的工作作风，他这种和人民群众血肉相连的深厚感情是多么珍贵呀！

焦裕禄经常告诫县社领导干部，要始终

保持劳动人民的本色。他在一次干部大会上说："一个干部不参加劳动就会变质，我们要发扬土改时与贫下中农同甘共苦的优良作风，深入到牛屋、田头参加生产劳动。用汗水来密切干群关系，用劳动来改造自己的世界观。"焦裕禄给干部们规定：一定要把参加劳动作为每个人的日常生活。下乡蹲点时，坚持劳动；面上跑点时，就地劳动；机关值班时，临近劳动。

60 年代的农村，由于天灾人祸，群众的生活非常艰苦，像兰考这样的"三害"灾区，群众的生活就更艰苦了。焦裕禄说："在兰考人民的生活没有富裕以前，我们兰考县的干部要和人民群众同甘共苦，脑子经常想，眼睛经常看，农民群众吃的啥，穿的啥。"焦裕禄认为，越是艰苦的环境越能锻炼干部，越是艰苦的条件越要严格要求干部，他对当时的一些干部偷吃贪占的问题深恶痛绝。

1963 年秋天，有一个大队的花生丰收了，生产队把花生都集中堆放在一个小楼上保管，管理很严格，任何人都不可能单独进里面。有一个驻队干部住在小楼的下一层，中间只隔一层木板。这个驻队干部禁不住花生的诱惑，就用铁棍把楼板撬出一条缝，想吃花生就用棍向上捣捣，一捣花生就会"自动"掉下来一些。群众发现他经常向外倒花生皮。

焦裕禄听说这个事儿，亲自下去核实后，在干部大会上严厉地批评了这种可耻的现象。他教育大家说："往小里说，这是一件吃几个花生的小事，闭闭眼、抬抬手就过去了，可往大里说，这是一件了不得的大事，是我们做干部的大节。要知道，小事反映干部大节，偷吃群众的花生，就是抢夺人民的劳动果实，就是人民的蛀虫，是强盗行为。这样的干部、这样的事情，只要发现，一个也不能原谅，就要严肃处理！”

焦裕禄还发现，一个干部下乡时不吃农民家里的饭，他觉着，在群众家里吃饭都是粗粮加瓜菜，也不能顿顿吃饱，他振振有词地说：“我为了不给农民找麻烦，自己立个伙，想吃啥就做啥，多可口，多舒服呀！”

焦裕禄批评这个干部说：“你想了没有，啥叫与群众同甘共苦？群众能吃的饭，咱为啥不能吃？你这样做就是找借口图享受，这是忘本。你不吃贫下中农的饭，咋知道他们的疾苦？你不去农民家里吃住，咋能了解到很多真实的情况？这样下去不得了。不刹住这股歪风，我们还谈什么为党工作，还怎样为人民谋福利？”从此，他就给县社干部下乡立下一条规矩，吃住必须在群众家里。

焦裕禄对同志们要求很严，对自己要求更严。他看到农民群众的艰难生活，自己带头穿补丁衣，喝野菜汤。在生活上严于律己，从不搞特殊。三年困难时期，各种物资都很缺乏，都是凭票供应，限量购买，肉类供应更为紧张。春节快到了，县委厨房的同志给焦裕禄送来了几斤肉，焦裕禄立即问："是每人都有一份吗？"那位同志说："这是照顾你的。"焦裕禄说："谢谢同志们，请你把这份肉，照顾别人吧！"焦裕禄帮助城关镇把一个大废坑建成了鱼塘养鱼，待鱼长成个儿时，特打捞几条让焦裕禄尝鲜，焦裕禄严肃地对他说："鱼塘是集体的，怎么能让我一个人尝鲜？如果大家都不遵守制度，乱尝鲜，集体财产不就变成私有财产了吗？"县委福利会的干部看到焦裕禄的被子破了，打算救济给他几斤棉花，焦裕禄知道后对这位干部说："这棉花是专门救济灾区群众的，不能救济我。我需要，灾区群众更需要。"这些对焦裕禄照顾和送东西的同志，总是兴致勃勃地提着东西来，心里热乎乎地带着礼物回去。

焦裕禄认为，作为一个共产党员、革命干部，不管其资历深浅，地位高低，都是人民的勤务员。决不能凭借自己的地位捞取特权，更不能以功臣自居，为自己的享受开方便之门，或者给自己的亲友发放所谓关心他们的"优待券"。焦裕禄的妻侄子初中毕业后，想让当县委书记的姑父安排个工作。焦裕禄说："不行！现在国家安排人员是有计划的，我不能利用自己的职权，给自己的亲属安排工作。不能带头违反党的政策！"他还说服了爱人和哥哥、嫂子放弃了替孩子找工作的念头。焦裕禄的大女儿焦守凤初中毕业了，因没考上高中感到丢脸。焦裕禄便打趣地说："小梅啊！咱家几辈人都没有上过中学，你成了咱家的秀才啦！"他针对她想找个清闲工作的念头，当县食品加工厂招工时，毅然把女儿送去当了工人，并亲自对厂长说："你们千万不要以为她是县委书记的女儿，而另眼高看，一定要把她安排在最苦、最累、最脏的地方，这样对改造她的思想有好处。”

一天，夜很深了，焦裕禄见 11 岁的大儿子焦国庆看戏回来，便追问哪来的戏票。儿子洋洋得意地说：“收票的叔叔向我要票，我说我爸爸叫焦裕禄，他就让我进去了！”听了儿子的回答，焦裕禄很生气，就严肃地批评儿子“看白戏是剥削别人的劳动果实”，指出“书记的儿子不能够自视特殊，高人一等”。孩子觉着做错了事，低头不语。焦裕禄掏出两角钱交给儿子说：“明天你把这钱送给售票员叔叔补上今晚的戏票钱。”从此，不管礼堂演多好的戏，焦裕禄的几个儿子再也不去看“白戏”了。

焦裕禄原有肝病，可他全部身心扑在繁忙的工作上，常常忘记或顾不上吃药打针，医生感到这样下去，对恢复焦裕禄的健康不利，便向县委提出停止焦裕禄工作的建议。然而，在这个战斗的共产党员看来，停止他的工作，比病痛还难受。他没有采纳医生的建议，反而更加废寝忘食、夜以继日地工作。为了不使医疗中断，医院又提出派一个顺路的护士，到焦裕禄家里给他打针的建议，可焦裕禄连这点微小的照顾也不肯接受，他说："我能走，还是到医院去打针吧！不要麻烦医院的同志了。"

1964 年 3 月的一天，焦裕禄到开封地委开会时，肝病又复发了。他那蜡黄的脸上，挂满了豆大的汗珠，右手紧紧地顶着肝部。地委的同志请来一位名医，给他看病，开了四剂中药。焦裕禄服后，感到疗效很好，后来他看到中药发票，感到药品贵重。领导和同志劝他再吃几剂，他却说："兰考是个灾区，群众的生活很困难，吃这么贵重的药，我咽不下去！"兰考县的各级干部从焦裕禄言传身教的模范行动中，受到极大的教育和启发，大家都称赞说："焦裕禄心里装着全体人民，唯独没有他自己。"

鞠躬尽瘁　死而后已

生命最后的光华

1964年起，焦裕禄的肝病愈来愈重了，几个月来，人们经常看到，焦裕禄凡是在开会作报告或听取汇报时，总是把右脚踩在椅子上，用右膝盖顶住肝部。他棉衣上的第二、第三个扣子总是不扣的，时常用左手压住肝部。在办公室或家里，铅笔、掸子和茶缸都成了他压迫止痛的工具。天长日久，焦裕禄坐的藤椅就被顶了一个大窟窿。人们知道，焦裕禄为了坚持工作，暗中忍受着多么巨大的痛苦啊！但是，焦裕禄总是用顽强的毅力克服剧烈的疼痛，从来不吭一声。他觉得工作带来的欢乐，远远胜过了疾病造成的痛苦。一天，他和县委办公室的一位同志骑着自行车，下乡检查工作。豆大的汗珠从脸上滚下，他不住地用手按着疼痛的肝部。随行的同志关切地问他病情，他却平静地回答:“没什么！” 他们到了三义寨，公社书记先让他休息一下。他说：“你还是先谈谈工作情况吧！”边说边掏出工作手册和钢笔。公社书记只好向他汇报工作。焦裕禄一面听汇报、做笔记，一面用左手紧紧地顶着剧痛的肝部。做笔记的右手，不时地颤抖起来，好几次钢笔从手中掉落下来，他强打着精神，右手更有力地顶住肝部，坚持听完汇报。

回县后，经医生诊断，焦裕禄的肝病十分严重。上级组织决定，焦裕禄必须立即转到开封医院治疗。

晚上，焦裕禄什么也吃不下去。刚躺在床上，肝部又剧烈地疼痛起来，他只好蜷曲着身体在床上发抖。肝部疼得实在难以忍受，他干脆不睡，穿衣下床，坐到桌子前，抽出钢笔，摊开纸张，准备写文章。他整理着调查研究得来的材料，考虑着文章的结构，早把病痛置之脑后了，一会儿就写完了文章的题目和提纲：

兰考人民多奇志　敢教日月换新天

一、设想不等于现实。

二、一个落后地区的改变，首先是领导思想的改变。领导思想不改变，外地的经验学不进，本地的经验总结不出来，先进的事物看不见。

三、榜样的力量是无穷的。

四、物质变精神，精神变物质……

这是一篇凝结着焦裕禄的心血，充满着焦裕禄对兰考人民热爱的文章。焦裕禄以革命乐观主义精神，从兰考人民抗灾斗争中表观出来的英雄气概，从兰考人民一步一个脚印的实干精神中，已经预见到兰考美好的未来。但是，文章只开了个头，病魔硬逼他放下了手中的笔。

焦裕禄去治病前夕，把县委的工作作了细致的交代和部署，特意对县委办公室一位同志安排说：“我的病情越来越严重，肚里的硬块疼得实在支持不住，看样子，我想写的那篇文章完不成了，你请张钦礼书记写吧！文章写成后，署他的名字也中，署俺俩的名字也行……”

后来，张钦礼让除“三害”办公室主任卓兴隆代笔写了这篇文章：题目是“根除沙、涝、碱三害是进一步发展农业生产的根本大计”，署名是焦裕禄、张钦礼。

临行那一天，由于肝疼得厉害，焦裕禄是弯着腰走向车站的，他是多么舍不得离开兰考啊！一年多来，全县149个大队，他已经跑120多个。他把整个身心，都交给了兰考的群众。正当兰考人民向“三害”进军的时候，偏偏在这个时候去住院，他从内心感到痛苦、内疚和不安。他不时深情地回顾着兰考城内的一切，他多么希望能很快地治好病，带着旺盛的精力回来和群众一块战斗啊！火车将要开动了，他还向除“三害”办公室主任安排：“你们一定把除“三害”抓好，等我看病回来，要听你们汇报。”

1964年3月23日，焦裕禄从兰考来开封卫生学校附属医院治病。这时他的肝脏是4厘米，经常引起剧痛。当时，医院内只剩有大病房，主治医生想把病房调整一下，焦裕禄却说：“单人病房不需要，我是来治病的，只要有地方住就行。”结果，就愉快地住进了大病房。

焦裕禄住进病房以后，就问医生：“我的病啥时间能治好？”医生说：“你的病是慢性病，短时间内不行，你既然来了，请你安心休养一段时间吧！”焦裕禄不安地说：“那可不行啊！兰考县是个灾区，县里的工作很忙。慢性病还是回县里慢慢治吧！”

在焦裕禄入院的第三天，病情已经恶化，医生诊断怀疑是肝癌。这时，除肝剧痛外，右腿也痛得伸不直，有时痛得满头大汗。夜里不能入睡。但是，护士从来没有听到过他呼喊、他呻吟，没有要求打过止痛针，也没有要过止痛药。他右腿疼痛，走路困难，从病房到理疗室作理疗要走200米的路，总是咬着牙坚持步行，从不叫护士用担架抬他。

时间一天天过去，焦裕禄的病情也不断恶化，在入院的第8天，他的肝脏已由入院时的4厘米，胀大到8厘米。经医生会诊后，需要做肝穿刺检查，向开封地委请示后，决定转到郑州河南医学院检查治疗。

在郑州河南医学院，经医生会诊，确定为原发性肝癌，病情十分严重，有生命危险，河南省委决定，立即转到北京协和医院治疗。

焦裕禄在北京检查治病期间，邓小平同志对他十分关怀。焦裕禄在郑州住院治疗时，病情日益加重，党组织决定把他转到北京的大医院，进一步检查治疗。为此，兰考县委增派县民政局局长袁汉琪前往北京。

袁汉琪表示，想办法给邓小平汇报一下，请他提供方便（袁汉琪原在邓小平身边工作）。

袁汉琪到京后，来到焦裕禄住的日坛医院。焦裕禄问："你怎么来啦？"

袁汉琪说明了他这次来的用意。

焦裕禄说："中央领导很忙，不要给他们添麻烦了！"又问："兰考有什么新情况？"

袁汉琪回答："省委的何伟书记去兰考了！"

焦裕禄一听，精神马上振作起来，问："何伟书记有啥指示？提出啥问题没有？"

袁汉琪回答："何书记对兰考的工作很满意……他听说你在北京治病，很挂念。特意叫省委写了一封信，让我到北京来啦！"

袁汉琪来到中共中央办公厅，出示证明和信件，给值班的领导说明来意。值班领导告诉他："邓小平现不在京，你反映的问题，我可通知有关单位协助办理……"

后来，袁汉琪从报纸上了解到邓小平回到北京，接见了国际友人，就决定再次请示邓小平马上安排接见。邓小平接见了他。袁汉琪当面向他说明来意，汇报了焦裕禄的病情……

邓小平听后，随即指令有关人员负责安排了给焦裕禄检查治病的事宜。临别时，他要求袁汉琪给他写一份"兰考情况"，内容是：一、灾情；二、干部作风；三、重大问题。

在邓小平的亲切关怀下，中华医学会的秘书长和周主任、李处长亲自来到焦裕禄的病房看望，询问病情。焦裕禄一看领导来了，忍着病痛，强振精神，笑着坐了起来，说：“中央领导很忙，给首长添麻烦了！我的病是小事，影响中央领导的工作是大事呀！”随后，中华医学会调集了多名高级医学专家，给焦裕禄会诊。经过名医的几次会诊，确定为“肝癌后期，皮下扩散”。建议转回郑州，进行保守治疗。

4月19日，医生把护理焦裕禄的同志叫到办公室，交给他两份诊断书，一份是焦裕禄看的，上面写着：“慢性肝炎，注意休息，对症治疗。”另一份上面却写着一句触目惊心的字：“肝癌后期，皮下扩散。”护理的同志放声痛哭，拉着医生的手，说：“我恳求你，请你把他的病治好，俺兰考是个重灾区，兰考的工作需要他，兰考人民离不开他呀！”

为了让焦裕禄安然度过生命的最后时刻，医院和兰考县委都没有把这个恶讯告诉他。河南省委决定：焦裕禄转回郑州继续进行保守治疗。

焦裕禄病情继续恶化的消息传到兰考，一批又一批的群众来到县委询问焦裕禄的病情和住院地址，县里不少同志赶到郑州看望他。

每当见到县里来探望的同志，焦裕禄总是强忍着剧烈的病痛，询问县里的工作，一谈起工作，他就精神焕发。

县委办公室的一位同志到病房看望他。他强打着精神坐起来，有气无力地连续发问："前几天，咱兰考刮了几场大风……又下了一场大雨……沙区的麦子打毁了没有？……洼地的秋苗淹了没有？……老韩陵的泡桐栽了多少？……秦寨碱地上麦子咋样？……重灾社队群众的口粮能不能接住麦……"焦裕禄的病情已经恶化到这种地步，精髓血汗将要消尽，人，已经快不行了，但他还惦记着党的工作，还思念着兰考人民。

一天清晨，医生来检查病房，无意中发现了焦裕禄右腹上有许多烫伤的小水泡，一问守护在焦裕禄身旁的同志才知道，焦裕禄为了不使自己发出痛苦呻吟，怕影响病友的睡眠，用烧烫的烟嘴顶住肝部时烙下的。为了减轻焦裕禄的痛苦，医生决定让他单独搬进隔音病房里去住，并告诉他："老焦，在那里你可以大声呻吟！"病友们也劝他："焦书记，你去，疼得支持不住，你就痛快地哼几声，减轻点痛苦！"焦裕禄若无其事地笑了笑说："没什么！古代的关云长能够做到'刮骨疗毒'，我是一个共产党员，更应该战胜百倍于'刮骨疗毒'的痛苦！"在同病痛作斗争的过程中，有时疼得全身是汗，有时疼得蜷成一团。但是，他总是默默地忍受着肝痛的折磨，从来没有哼过一声。一个病人的家属知道焦裕禄患的是肝癌，又没听到他叫过一声痛，感到很奇怪，就向医生打听："姓焦的病人痛得那么厉害，也不听他叫喊一声，他用的是什么'特效药'？能不能让俺的病人用这种药？"医生说："什么特效药也没有用，他疼痛而不喊不叫，只因为他是一位刚强的共产党员！"

5月初，焦裕禄病情垂危，县委办公室的一位同志来看望他，他嘱咐说："回去对县委的同志讲，叫他们把我没有写完的文章写完。"5月10日，县委领导带着全县人民的心意来探望焦裕禄，他紧紧地拉着同志们的手，问："咱兰考淹了没有？"当同志告诉他"排涝工程起作用没淹"时，他脸上浮起了笑容。

下午，焦裕禄的大女儿来到病房，她知道父亲危在旦夕，一进门就哭倒在父亲怀里。焦裕禄抚摸着女儿的肩头，嘱咐说："小梅别难过！你从我这里继承的只有党的事业，你要好好读毛主席的书，书里，毛主席会告诉你怎样工作，怎样做人，怎样生活。"歇了一会儿，焦裕禄摘下手表，放在女儿手上说："这块表留着你用吧！要记住，它那滴答滴答的走动声，是在告诉你，时代在前进！也是在问你，在这分分秒秒里，你为党为人民做了什么……"

肝癌的折磨，使焦裕禄每说一句话，都要付出极大的努力。长时间的说话，使他精疲力尽。从5月10日到13日，焦裕禄没吃一口饭，医院向上级领导发出了焦裕禄病危的通知。5月13日，省委、地委领导同志代表上级党组织来到焦裕禄病床前，沉重地对他说："裕禄同志，党为了治好你的病，尽了最大的努力。可是……"

焦裕禄点点头回答："我明白了……"

"裕禄同志，你有什么要求，就向组织上讲吧！"焦裕禄拉着省、地委领导同志的手，说："感谢党组织对我的关怀，我没能很好地完成党交给的任务，没实现兰考人民的要求，我心

◁ 1964年，焦裕禄去世时，他的妻子徐俊雅和孩子们合影

里感到很难过。”领导安慰他说：“你已经出色地完成了党的任务，不愧为一个真正的共产党人！”

这时候，焦裕禄是多么想把心里的话全部向党倾诉呀！可是他舌硬气短，只是断断续续地说：“我活着……没有治好兰考的沙丘……死后，希望把我……埋在兰考的沙丘上……死了，也要看着兰考人民……把沙丘治好……我死后，不要多花钱……”他昏迷过去了。醒来后，对满面泪痕的爱人徐俊雅说：“不要哭，你要坚强……一定要听党的话……好好为人民服务……要教育孩子……把他们培养成为红色接班人。”

这就是焦裕禄在生命的最后时刻留下的遗嘱。

最高嘉奖

人民怀念好书记

☆☆☆☆☆

1964年5月14日上午，焦裕禄的心脏停止了跳动，与世长辞了。

兰考人民听到这个不幸的消息，行路者停止了脚步，吃饭者放下了碗筷，劳动者丢下了工具……都怀疑地说："前不久还见他在田间劳动，在群众家访问……他怎能会死呢？"当他们了解到焦裕禄真的死了时，都大放悲声，一位老大娘拿着烧纸沿街哭唤着焦书记，要找焦裕禄的坟。一位老农趴在焦裕禄墓前，泣不成声地说出了兰考人民的共同心声："俺的好书记，你是为俺兰考人民活活努（累）死的呀！"

焦裕禄逝世以后，《人民日报》发表了由新华社记者穆青、冯健、周原合写的长篇通讯《县委书记的榜样——焦裕禄》和《向毛泽东同志的好学生焦裕禄同志学习》等多篇社论，高度赞扬焦裕禄同志的彻底革命精神。

1966 年 9 月 15 日，毛主席亲切接见焦裕禄同志的二女儿焦守云并合影留念。同年 10 月 1 日，毛主席又接见了焦裕禄的大儿子焦国庆。这是以毛主席为首的党中央对焦裕禄这个光辉典型的肯定，这是对焦裕禄的最高嘉奖。

周恩来总理也接见了焦裕禄的大女儿焦守凤。

董必武代主席亲自写五言五十句的长诗，赞扬歌颂焦裕禄的革命精神。

郭沫若副委员长也写诗赞颂焦裕禄。

全国各级行政区、各省市党组织都发出通知，要求共产党员和革命干部，认真学习焦裕禄的革命精神。

焦裕禄同志不愧为党的好干部，不愧为县委书记的好榜样，不愧为群众的贴心人。他的一生是革命的一生，战斗的一生，光辉的一生。他没有死，他将永远活在全国人民的心里。

在 20 世纪 60 年代，党中央、毛主席亲自树立的焦裕禄这个光

△ 江泽民题字

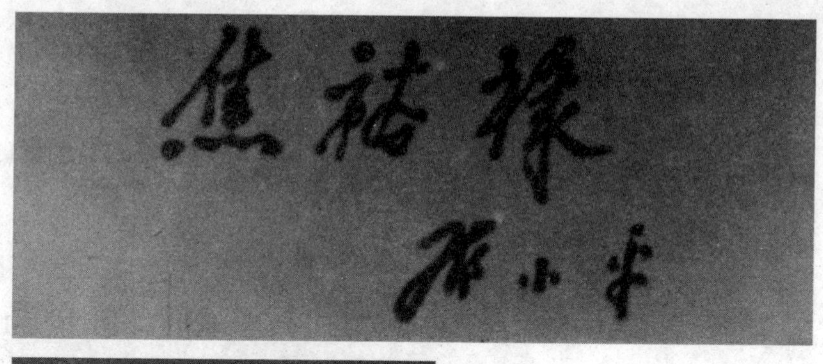

△ 邓小平为纪实文学《焦裕禄》题写书名

辉典型，影响、激励、鼓舞、教育着一代又一代人。历届党中央对焦裕禄这个典型一树再树，一举再举。

1990 年 6 月 15 日，中央第二代领导人邓小平为继续大力弘扬焦裕禄精神，亲笔为纪实文学《焦裕禄》题写书名。

1991 年 2 月 9 日，中央第三代领导人江泽民亲临兰考视察，到焦裕禄陵园，向焦裕禄墓敬献花圈，行三鞠躬礼。参观焦裕禄纪念馆后，他眼里含着泪水说："为官一任，造福一方。"他即兴挥毫泼墨题写了"向焦裕禄同志学习，全心全意为人民服务"。

1994 年 5 月 14 日，是焦裕禄逝世 30 周年纪念日。

胡锦涛代表党中央来兰考为焦裕禄纪念馆落成剪彩，为焦裕禄铜像揭幕。他在纪念焦裕禄同志逝世 30 周年大会上作了长篇讲话。他强调：在新时期学习弘扬焦裕禄精神，就应该像焦裕禄那样全心全意为人民服务，密切联系群众，一切为了群众，事事相信和依靠群众。

在新时期学习和弘扬焦裕禄精神，就应该像焦裕禄那样，坚持党的实事求是的思想路线，一切从实际出发，讲真话，办实事，大胆开拓，创造性地工作。

在新时期学习和弘扬焦裕禄精神，就应该像焦裕禄那样，不畏艰险，顽强拼搏，艰苦创业。

在新时期学习和弘扬焦裕禄精神，就应该像焦裕禄那样廉洁奉公，执政为民。

2009 年 4 月 1 日，习近平副主席亲赴兰考，缅怀焦裕禄的丰功伟绩。他首先来到焦裕禄纪念园，向焦裕禄墓地敬献了花圈，瞻仰了烈士纪念塔，参观了焦裕禄事迹展览馆，看望了焦裕禄的家属。下午召开了干部、群众座谈会，他听了六位同志的发言后发表了长篇讲话。结合当前形势，他提出了大力弘扬学习“五种精神”，大兴“五种作风”。这就是：

第一，学习和弘扬焦裕禄同志牢记宗旨，心

▷ 焦裕禄遗体下葬后，他的战友作最后告别（右二为张钦礼）

系群众，心里装着全体人民，唯独没有他自己的公仆精神，大兴服务群众之风。

第二，学习和弘扬焦裕禄勤俭节约，艰苦创业，敢教日月换新天的奋斗精神，大兴艰苦奋斗之风。

第三，学习和弘扬焦裕禄同志实事求是，调查研究，坚持一切从实际出发的求实精神，大兴求真务实之风。

第四，学习弘扬焦裕禄同志不怕困难，不惧风险，革命者要在困难面前逞英雄的大无畏精神，大兴知难而进之风。

第五，学习弘扬焦裕禄同志廉洁奉公，勤政为民，为党和人民事业鞠躬尽瘁，死而后已的奉献精神，大兴敬业奉献之风。

焦裕禄已经逝世近半个世纪了，但“焦裕禄”这个名字并没有因时间的流逝而被人们忘却。这个闪光的名字跨越时空，已定格在历史上。他的革命精神深深地刻在人民心中，人民呼唤焦裕禄，时代需要焦裕禄。

焦裕禄精神常青。

◁ 人民怀念焦裕禄

后 记

县委书记的榜样

焦裕禄在兰考任县委书记期间，我在他身边工作。对于焦裕禄的作为，我看在眼里，化在脑里，记在本上……

1966 年 2 月 7 日，《人民日报》发表了新华社记者穆青、冯健、周原写的《县委书记的榜样——焦裕禄》感人肺腑、催人泪下的长篇通讯，震撼了中华，影响了世界……

1970 年，国务院出版口给河南省一个创作任务——为焦裕禄立传。开封地委受河南省委的委托，抽调和聘请了周鸿俊、单卫东、李振方、甘学干、黄浦生、祝红军、王鸿钧等同志组成《焦裕禄传》创作组，我也荣幸地参加了这一工作。

在各级党委的关怀下，我们走访了焦裕禄出生、劳动、学习、工作和战斗的地方，访问了焦裕禄的亲属、战友、领导等知情人，历时三年，搜集了七八十万字素材，整理出了十多万字的《焦裕禄生平大事记》。

在以后的日子里，我们运用这些宝贵素材，创办了焦裕禄纪念馆，创作了《焦裕禄》电视剧，并为焦裕禄立了传、著了书。其中主要有：我和屈春山等同志合写的纪实文学《焦裕禄》，邓小平题写书名，李鹏总理题词，华夏出版社出版；我和屈春山等同志合写的《党的好干部焦裕禄》，穆青题写书名，上海人民出版社出版；我和屈春山合写的《人生楷模焦裕禄》，河北人民出版社出版；我和杨长兴等同志合写的《焦裕禄一生》，中央文献出版社出版……

2011 年，吉林文史出版社约我写“双百人物”之一的焦裕禄传，我接受任务后，只好重翻采访笔记，参考已出版的焦裕禄传和书籍，遵照历史事实和年代顺序，写出了五万多字的《焦裕禄》。在“双百人物”之一的《焦裕禄》出版之际，特向积极参与为焦裕禄立传并付出辛勤劳动的同志和出版社表示感谢，并请谅解。

由于作者的思想水平和文字水平有限，在写焦裕禄传中，一定会出现这样那样的错误，敬请领导、专家及读者批评指正。

图书在版编目（CIP）数据

焦裕禄 / 刘俊生著. -- 长春 : 吉林文史出版社,
2012.6（2024.5重印）
（100位新中国成立以来感动中国人物）
ISBN 978-7-5472-1096-3

Ⅰ. ①焦… Ⅱ. ①刘… Ⅲ. ①焦裕禄（1922～1964）
－生平事迹－青年读物②焦裕禄（1922～1964）－生平事
迹－少年读物 Ⅳ. ①K827=7

中国版本图书馆CIP数据核字(2012)第136138号

焦裕禄

JIAOYULU

著/ 刘俊生
选题策划/ 王尔立　责任编辑/ 王尔立 李洁华 马华 任玉茗
装帧设计/ 韩璘
出版发行/ 吉林文史出版社
地址/ 长春市福祉大路5788号　邮编/ 130118
电话/ 0431-81629363　传真/ 0431-86037589
印刷/ 天津海德伟业印务有限公司
版次/ 2012年8月第1版 2024年5月第5次印刷
开本/ 640mm×920mm 1/16
印张/ 9 字数/ 100千
书号/ ISBN 978-7-5472-1096-3
定价/ 29.80元

/100位

新中国成立以来感动中国人物/

丁晓兵 马万水 马永顺 马恒昌 马海德 中国女排五连冠群体

孔祥瑞 孔繁森 文花枝 方永刚 方红霄 毛岸英

王　杰 王　选 王　瑛 王乐义 王有德 王启民

王进喜 王顺友 邓平寿 邓建军 邓稼先 丛　飞

包起帆 史光柱 史来贺 叶　欣 甘远志 申纪兰

白芳礼 任长霞 刘文学 刘英俊 华罗庚 向秀丽

廷·巴特尔 许振超 达吾提·阿西木 邢燕子 吴大观

吴仁宝 吴天祥 吴金印 吴登云 宋鱼水 张　华

张云泉 张秉贵 张海迪 时传祥 李四光 李春燕

李桂林和陆建芬夫妇 李素芝 李梦桃 李登海 杨利伟

杨怀远 杨根思 苏　宁 谷文昌 邰丽华 邱少云

邱光华 邱娥国 陈景润 麦贤得 孟　泰 孟二冬

林　浩 林巧稚 林秀贞 欧阳海 罗映珍 罗健夫

罗盛教 草原英雄小姐妹 赵梦桃 钟南山 唐山十三农民

容国团 徐　虎 秦文贵 袁隆平 钱学森 常香玉

黄继光 彭加木 焦裕禄 蒋筑英 谢延信 韩素云

窦铁成 赖　宁 雷　锋 谭　彦 谭千秋 谭竹青

樊锦诗